RONALD SCHWEPPE
ALJOSCHA LONG

Dieses Problem lasse ich bei dir

GOLDMANN

Buch

Fühlst du dich schuldig, wenn es anderen Menschen schlecht geht? Glaubst du, dass du für ihr Glück verantwortlich bist und dass es deine Pflicht ist, ihre Probleme zu lösen? Falls du dich zu wenig um deine eigenen Bedürfnisse, dafür aber ständig um die Bedürfnisse anderer kümmerst, wird es Zeit, »Nein« zu sagen. Tappe nicht in die Beratungsfalle. Denn erst wenn du erkennst, dass du nicht für das Glück der anderen verantwortlich bist, kannst du loslassen und ihnen auf achtsame Weise helfen. Die Autoren Ronald Schweppe und Aljoscha Long zeigen, warum Selbstmitgefühl der erste Schritt ist: Für dich und für die, denen du hilfst. Dieses Buch bietet Wege, die dabei helfen, loszulassen und innere Ruhe und Gelassenheit zu entwickeln. Anstatt sich von fremden Erwartungen abhängig zu machen, verdeutlichen die Autoren, wie wir neue Kraft schöpfen, indem wir uns selbst liebevoll annehmen.

Autoren

Ronald P. Schweppe ist Orchestermusiker und Autor zahlreicher Bücher im Bereich Spiritualität und Lebenskunst. Ausbildung in NLP und MBSR (Stressbewältigung durch Achtsamkeit). Seit etwa 40 Jahren beschäftigt er sich praktisch und theoretisch mit fernöstlicher Philosophie und Zen-Buddhismus. Er lebt mit seiner Frau und seinen drei Kindern in München.

Aljoscha A. Long studierte Psychologie, Philosophie und Linguistik. Er ist als Autor, Komponist, Therapeut, Taijiquan- und Qigong-Lehrer tätig. Bekannt geworden ist er durch zahlreiche Publikationen und seine Seminartätigkeit in den Bereichen Psychologie und Philosophie. Er lebt mit seiner Frau, der chinesischen Heilerin Fei Long, in München und Guangzhou.

Außerdem von Ronald Schweppe und Aljoscha Long bei Goldmann im Programm

Der Seelenschlüssel (22026)

Ronald Schweppe
Aljoscha Long

Dieses Problem lasse ich bei dir

Die Kunst, sich mitfühlend abzugrenzen

Der achtsame Weg des Loslassens

GOLDMANN

MIX
Papier | Fördert gute Waldnutzung
FSC® C014496

Penguin Random House Verlagsgruppe FSC® N001967

5. Auflage
Originalausgabe Oktober 2023

Umschlag: Uno Werbeagentur, München
Umschlagmotiv: FinePic®, München
Redaktion: Ralf Lay
SC · CB
Satz: Satzwerk Huber, Germering
Druck und Bindung: GGP Media GmbH, Pößneck
Printed in Germany
ISBN 978-3-442-22377-0

www.goldmann-verlag.de

Inhalt

Ein paar Worte zuvor – Abgrenzung mit Gefühl

Ein Buch über *Abgrenzung* zu verfassen, ist für uns, die wir normalerweise über Themen wie »Achtsamkeit«, »Gelassenheit« und »Mitgefühl« schreiben, mit einem gewissen Unbehagen verbunden. Nein zu sagen, und sei es noch so freundlich, ist eben nicht jedermanns Sache – und »jederfraus« ganz bestimmt auch nicht.

Als wir vor vielen Jahren das Buch *Die Egoisten-Bibel* in die Hand bekamen, sträubten sich uns die Nackenhaare. Nach einem kurzen Blick ins Buch stellten wir es mit spitzen Fingern schnell wieder zurück ins Regal. Die Kunst, ein Egoist zu sein? Nein danke – es gibt beileibe Wichtigeres. Aber da haben wir sie ja schon, diese vier magischen Buchstaben: das *Nein* in »Nein danke«.

Sich gegen etwas zu entscheiden, bedeutet immer, sich für etwas anderes zu entscheiden. Im Idealfall für das Wichtigere, Wesentlichere. Statt für die Kunst, an sich selbst zu denken zum Beispiel, lieber für die Kunst, sich achtsam mit anderen Menschen zu verbinden. Oder geht das vielleicht sogar beides?

Klar geht das! Davon sind wir fest überzeugt. Und auch davon, dass dies sogar der einzige Weg ist, um gute, harmonische Beziehungen zu führen – sowohl mit anderen als auch mit sich selbst.

Falls du zu den Leser*innen gehörst, die Abgrenzung mit Lieblosigkeit und das Eintreten für die eigenen Bedürfnisse mit Egoismus in Zusammenhang bringen oder sie gar miteinander verwechseln, dann hast du vermutlich genau das richtige Buch in der Hand. Ganz bestimmt gilt das jedenfalls, wenn

- du dich viel zu oft mit fremden Problemen herumschlägst,
- es dir schwerfällt, für dich und deine Bedürfnisse einzustehen und deinen Standpunkt zu vertreten,
- Schwierigkeiten, die nahestehende Menschen haben, dir sehr an die Nieren gehen und dich unglücklich machen,
- du Begegnungen mit anderen Menschen oft als anstrengend und energieraubend empfindest,
- du mehr gibst, als dir guttut, und du dir dabei oft ausgebeutet vorkommst.

In diesem Buch wirst du erfahren, dass es ziemlich unsinnig ist, die Probleme anderer Menschen zu deinen eigenen zu machen. Eigentlich ist es nicht nur unsinnig, sondern sogar die reine Energieverschwendung – du hilfst damit keinem, und es kostet dich deinen inneren Frieden.

Falls du dich ständig um die Bedürfnisse anderer, aber viel zu wenig um deine eigenen Wünsche kümmerst, wird es höchste Zeit, auch einmal Nein zu sagen. Wenn andere keine Hemmung haben, ihren »Problemmüll« bei dir abzuladen, dann solltest du auch keine haben, ihnen klipp und klar zu sagen, dass du kein Abfalleimer für negative Energien bist. Klar und deutlich, aber mit offenem Herzen. Denn um sich abzugrenzen und seiner inneren Stimme zu vertrauen, ist es nicht nötig, sein Herz zu verschließen – im Gegenteil.

Wir hoffen, dass du im Laufe der nächsten Kapitel erkennen wirst, wie wichtig und befreiend es ist, die Probleme anderer Menschen – und seien es sogar die unserer Kinder, Freunde oder Partner – dort zu lassen, wo sie hingehören: nämlich bei ihnen! Und wir hoffen, dass dir dabei auch klar werden wird, dass du für das Glück anderer Menschen nun einmal einfach nicht verantwortlich bist.

Auf dem Weg zu mehr Achtsamkeit, Selbstfürsorge und radikaler Akzeptanz wünschen wir dir eine spannende Reise.

Und wenn du Fragen hast oder uns von deinen Erfahrungen berichten möchtest, kannst du uns gern immer über unsere Homepage www.longschweppe.de anschreiben.

Ronald Schweppe und Aljoscha Long
München, im Frühjahr 2023

Not my circus – not my monkeys

Als Zirkusdirektor hat man's nicht leicht. Da trägt man eine Menge Verantwortung – für das Zirkuszelt, die Artisten, das Programm und natürlich auch dafür, dass nichts schiefläuft. Dafür, dass beispielsweise die Schimpansen-Nummer nicht aus dem Ruder läuft, die Affen nicht die Flucht ergreifen, im Publikum herumtoben und Popcorn klauen. Aber weißt du, was? Zum Glück bist du kein Zirkusdirektor (das wäre zumindest ein Riesenzufall). Als Zuschauer hast du es viel besser: Du kannst dich entspannt zurücklehnen und das Spektakel amüsiert beobachten, was viel vernünftiger ist, als zu versuchen, die Affen einzufangen. Also: »Not my circus – not my monkeys.«

Fühlst du dich oft mies, wenn es anderen Menschen schlecht geht, vor allem wenn diese anderen Menschen deine Kinder, Freunde oder dein Partner sind? Hast du dann das Gefühl, dass du für ihr Wohlbefinden verantwortlich bist? Und irgendwie versuchen musst, ihre Probleme zu lösen?

Dann bist du damit nicht allein.

Tatsache ist jedoch, dass du sehr viel weniger bewirken kannst, als du denkst. Wie andere Menschen sich fühlen, das liegt definitiv nicht in deinem Einflussbereich. Du kannst zwar bewirken, dass *du* dich gut oder schlecht fühlst, bei anderen wird das jedoch nicht so einfach klappen. Falls du die Dinge gern in der Hand hast und das Leben und die Menschen um dich herum kontrollieren möchtest, ist das wahrscheinlich eine schlechte Nachricht. Wenn du dich aber nach mehr Leichtigkeit und Freiheit sehnst, wenn du achtsamer und offener mit dir selbst und anderen umgehen möchtest, ist es eine sehr gute: »Ich bin hier nicht zuständig. Das ist nicht mein Zirkus …«

Es gibt nur einen Menschen, der deine Probleme lösen kann: du selbst! Genauso gibt es aber auch nur einen Menschen, der die Probleme deiner Freundin lösen kann: sie ganz allein.

Ob dein Partner, deine Nachbarin, deine Mutter oder deine Kinder mit Schwierigkeiten zu kämpfen haben – du kannst sie unterstützen, kannst sie beraten oder, was oft noch besser ist, ihnen einfach nur achtsam zuhören und Mitgefühl für ihre Nöte entwickeln. Eines aber wirst du ganz bestimmt nicht schaffen: ihre Probleme für sie zu lösen.

Mach fremde Probleme nicht zu deinen

Probleme entstehen immer dann, wenn wir Widerstand leisten gegen das, was im Leben geschieht, weil wir die Dinge gern anders haben wollen, als sie sind. Und da das bei fast jedem Menschen so gut wie immer der Fall ist, gibt es auf unserer Welt auch unzählige Missstände und

Unzulänglichkeiten. Es wird also bestimmt nicht lange dauern, bis jemand mit seinen Problemen zu dir kommt. Aber ganz egal, wie nah dir dieser Jemand steht, solltest du dich sehr klar dafür entscheiden, sein Problem niemals zu deinem eigenen zu machen. Nicht nur, weil das für dich selbst sehr belastend wäre, sondern auch, weil es dem anderen gar nicht wirklich weiterhelfen würde – eher im Gegenteil.

Wir schreiben hier ganz bestimmt keine Gebrauchsanleitung für Egozentriker. Doch wie du noch sehen wirst, sind Grenzen sehr sinnvoll für dich und für andere. Die Unfähigkeit, gegebenenfalls Nein zu sagen und sich abzugrenzen, führt zu vielen Problemen und Missverständnissen in Beziehungen und im Alltag – und das sind dann wirklich *deine* Probleme.

Probleme sind nicht zum Lösen da

Sie sind zum Loslassen da. Wenn du ein Problem loswerden willst – und wir sprechen hier von psychologischen, nicht von technischen Problemen –, musst du es einfach sein lassen, ohne es durch immer mehr Gedanken und Fantasien oder in langen Gesprächen auszuwalzen. Das gilt nicht nur für deine eigenen Probleme, sondern auch für die aller anderen.

Vergiss den Wunsch, fremde Probleme lösen und die Welt dadurch in Ordnung bringen zu wollen. Kämpfe nicht gegen Windmühlen.

Das Leben ist eine Reise voller Hindernisse. Manchmal ein ruhiger Fluss, aber sehr oft ein reißender Wildbach: Wohin man auch schaut, ragen gefährliche Felsen aus dem Wasser, bilden sich Strudel und Stromschnellen. Doch lass die Felsen Felsen, lass die Stromschnellen Stromschnellen sein. Nimm die Hindernisse zur Kenntnis, aber steure nicht auf sie zu. Die beste Chance, deine Reise mit heiler Haut zu überstehen, besteht darin, die Klippen achtsam links und rechts zu umfahren. Schenk ihnen nur so viel Beachtung, wie du brauchst, um dein Kanu sicher durch den Fluss zu steuern. Und dann lass das Ganze hinter dir – das Meer ist nicht weit …

Sollte dir das bei deinen eigenen Problemen vielleicht noch schwerfallen, dann versuche, damit anzufangen, wenigstens die Probleme anderer Menschen loszulassen. Konzentriere dich ganz auf deinen Einflussbereich – auf das, was du tatsächlich verändern kannst. Nur so wirst du anderen letztlich wirklich helfen können.

Widerstehe der Versuchung, gegen all die Ereignisse anzukämpfen, wie sie nun einmal ständig im Leben stattfinden. Widerstehe der Versuchung, Probleme »lösen« zu wollen. Lass los.

Von nervigen und traurigen Problemen

Probleme sind nicht gleich Probleme. Es macht schon einen gewaltigen Unterschied, ob es um eher banale Unannehmlichkeiten geht – wenn andere zum Beispiel erwarten, dass du alltägliche Aufgaben für sie löst – oder ob es sich um Situationen handelt, die dich zutiefst berühren, weil es sich um existenzielle Fragen handelt.

Da sind zum einen die Probleme, die Menschen verursachen, die dir ihre Schwierigkeiten aufbürden wollen. Bewusst oder unbewusst nützen sie deine Gutmütigkeit aus. Sie hören sich gern reden und missbrauchen dich als emotionalen Mülleimer. Das kennst du bestimmt – vielleicht in Form der geschwätzigen Nachbarin, die dir mit ihren Alltagsnöten auf die Nerven geht. Oder als die Kollegin, die unbedingt gemeinsam mit dir über andere Kollegen herziehen will, mit denen du selbst eigentlich gar keine Schwierigkeiten hast. Oder womöglich geht es auch um deine eigenen Kinder, die dir mit ihren Wünschen nach einem neuen Handy oder den neuesten Sneakers in den Ohren liegen.

Mit manchen dieser Dinge wirst du wahrscheinlich keine Schwierigkeiten haben. Du lässt deine Kinder einfach reden, sagst klar Nein oder erfüllst ihnen vielleicht sogar gern einen Wunsch. Mit der Nachbarin ist es wohl schon etwas schwieriger. Schließlich lebt man ja Tür an Tür und will miteinander auskommen. Und am Arbeitsplatz kann es dann richtig unangenehm werden, wenn man Kolleg*innen seine Grenzen zeigen muss. Dennoch ist das wichtig. Wenn es dir nämlich schwerfällt, dich abzugrenzen, werden solche Menschen schnell zu regelrechten »Energie-Vampiren«. Sie werden regelmäßig deine Grenzen überschreiten. Anfangs mag das noch ganz gut auszuhalten sein, doch mit der Zeit raubt es dir immer mehr Energie, Kraft und Lebensfreude.

Wann immer deine Mitmenschen aufdringlich werden und dir zu nahe kommen, tust du gut daran, dich gegen diese Angriffe zu schützen. Lass nicht zu, dass sie dich mit ihren Forderungen und Problemen stressen. Werde dir im ersten Schritt deiner Grenzen bewusst, und bring diese dann im zweiten Schritt klar zum Ausdruck, indem du rechtzeitig »Stopp« sagst.

Aber dann gibt es auch eine andere Kategorie von Problemen, und die wiegen sehr viel schwerer. Wenn deine Liebsten beispielsweise sehr krank werden, einsam oder unglücklich sind oder die Orientierung im Leben verloren haben, dann geht dir das sicher sehr nahe. Oder wenn du von den vielen Gräueln, die in der Welt herrschen, überwältigt wirst. Falls dich die Schreckensnachrichten über Klima oder Kriege nicht mehr schlafen lassen. Bei diesen Problemen kannst du nicht einfach eine äußere Grenze setzen, um dich zu schützen. Weder ein Krieg noch das Klima, Erdbeben oder andere Naturkatastrophen werden Rücksicht auf dich nehmen, nur weil du sagst: »Stopp! Bis hierher und nicht weiter!«

Schütze dich nach außen: Grenze dich nach außen ab, wenn andere dir mit ihrem Gejammer auf die Nerven gehen oder über deine Zeit verfügen wollen. Schütze dich nach innen: Geh auf Abstand zu deinen eigenen Gedanken und Sorgen, wenn du existenziellen Problemen begegnest, die dir an die Nieren gehen und dein Denken und Fühlen belasten.

Ohnehin wird dir der Satz »Dieses Problem lass ich bei dir« bei deiner besten Freundin, die gerade eine verheerende Diagnose bekommen hat, vor einer Scheidung steht und in einer tiefen Krise steckt, wohl kaum in den Sinn kommen. Zum Glück! Ohne Einfühlungsvermögen und Verständnis für andere wärst du nämlich sehr viel eher ein seelenloser Roboter als ein fühlender Mensch.

Und doch sind auch diese existenziellen Probleme letztlich nicht wirklich deine Probleme. Es ist mindestens genauso wichtig, dass du dich vor ihnen schützt wie vor denen der »Energie-Vampire«. Nur ist dieser Schutz nicht nach außen, sondern nach innen gerichtet.

Verliere dich nicht in den Konflikten der anderen. Identifiziere dich nicht mit ihren Problemen. Lass los – aber nicht auf rücksichtslose, egoistische Weise, sondern achtsam und mitfühlend.

Wie viel Zucker in den Teig?

Wenn du nicht weißt, wie viel Zucker du brauchst, um einen Apfelstrudel zu backen, kannst du das durch einen Anruf bei einer Freundin oder einen Blick ins Internet schnell herausfinden.

»Wo kriege ich Umzugskartons her?«, »Wer leiht mir tausend Euro?«, »Warum springt mein Auto schon wieder nicht an?«: Ob du die vielen mehr oder weniger kleinen Herausforderungen des Alltags überhaupt als Probleme bezeichnen willst, wissen wir nicht. Aber auf jeden Fall lassen sich solche Hindernisse gut überwinden. Auch wenn's manchmal ein wenig dauert – du kannst etwas machen, wenn du aktiv wirst.

Ob du das dann auch willst, ist eine andere Frage – vor allem wenn es nicht um deine eigenen Probleme geht. Braucht ein guter Freund dringend Geld, kannst du entscheiden, ob du ihm etwas leihst, aber vielleicht gibt es auch gute Gründe, dieses Problem bei ihm zu lassen – beispielsweise den, dass du selbst knapp bei Kasse bist. Ruft dich deine Freundin hingegen verzweifelt an, weil sie nicht weiß, wie sie ihren Kuchen gebacken kriegt, und du kennst das Rezept sowieso in- und auswendig, wirst du wohl kaum auf die Idee kommen, ihr zu sagen: »Dieses Problem lass ich bei dir.«

Du kannst helfen, kannst andere darin unterstützen, ihren Weg zu finden. Doch sei dir bewusst, dass dabei immer die Gefahr besteht, dich selbst in den Schwierigkeiten der anderen zu verlieren. Meist ist einfühlsames, achtsames Zuhören die größte Hilfe. Erkenne klar, ob du etwas machen kannst und willst oder ob du loslassen musst.

Die Schwierigkeiten, um die es in diesem Buch vor allem geht, sind wie gesagt jedoch keine technischen, sondern psychologische beziehungsweise existenzielle Probleme: Krankheit, Verlust, Schicksalsschläge, seelische Nöte. Die kannst du nicht aktiv aus der Welt schaffen, denn sie müssen durchlebt und können nicht anders gelöst werden.

Wann immer du das Gefühl hast, dass du dich mit Problemen »herumschlagen« musst und das Ganze dich auslaugt, ist Loslassen stets die beste Entscheidung.

Ein paar kritische Fragen

Als wir damit begannen, dieses Buch zu schreiben, sprachen wir mit vielen Freunden über das Thema »Abgrenzung«. Dabei konnten wir offene Fragen klären, mussten uns aber auch mit Einwänden auseinandersetzen, die auf den ersten Blick sehr berechtigt sind. Hier folgen nun ein paar Beispiele, die dir so oder so ähnlich wohl auch schon in den Sinn gekommen sind:

- Ein naher Verwandter, vielleicht sogar ein Elternteil, mit dem man sich nie besonders gut verstanden hat, wird pflegebedürftig. Da kann ich doch nicht einfach sagen: »Nicht mein Problem.« Wie sähe das denn aus?
- Jemand bricht auf der Straße zusammen. Da muss man doch, vor allem wenn man ein bisschen was über Erste Hilfe weiß, helfen und kann nicht sagen: »Nicht mein Problem.« Oder?
- Mein Kind wird in der Schule gemobbt. Da kann ich doch nicht einfach zusehen! Natürlich ist das mein Problem! Oder wie ist das gemeint?
- Mein Partner ist schwer krank. Und das soll bitte schön nicht mein Problem sein?
- Eine gute Freundin will sich scheiden lassen und fragt mich um Rat. Da käme ich doch nie auf die Idee, ihr zu sagen: »Dieses Problem lass ich bei dir.« Das wäre doch schrecklich egoistisch – oder etwa nicht?

Je größer das Problem ist und je näher dir der Mensch steht, der damit zu kämpfen hat, desto wichtiger ist es, dass du dir eines bewusst machst: Die Schwierigkeiten anderer Menschen zu verstehen, sich in sie einzufühlen und ihnen beizustehen heißt nicht, ihre Probleme zu den eigenen zu machen.

Wie du siehst, geht es hier nicht mehr um Kuchenrezepte. Diese Probleme sind wirklich schwerwiegend. Man kann sie nicht auf die leichte Schulter nehmen. Auf deinen Schultern haben sie allerdings trotzdem nichts verloren, denn bei genauerer Betrachtung wirst du erkennen, dass es eben nicht wirklich *deine* Probleme sind.

Natürlich wirst du deine Freundin beraten, deinen kranken Partner pflegen, Erste Hilfe leisten oder dein Kind trösten, wenn es gemobbt wird. Doch lass nicht zu, dass die Grenzen zwischen »Ich« und »Du« dabei verschwimmen. Absorbiere nicht die Probleme der anderen. Lass dich davon nicht fesseln. Mach das Grübeln um Probleme nicht zu einem Dämon in deinem Kopf, der dir den Schlaf und deine Lebensfreude raubt.

Gerade bei den Menschen, bei denen dir mitfühlende Abgrenzung besonders schwerfällt, ist diese Abgrenzung meist besonders wichtig.

Du bist nicht verantwortlich für das Schicksal anderer Menschen. Aber dafür, dich selbst vor belastenden Gedanken und Gefühlen zu schützen, in deiner Kraft zu bleiben und deine Mitte nicht zu verlieren.

Du bist nicht verantwortlich dafür, fremdes Leiden wegzuzaubern – schon allein deshalb nicht, weil du das selbst als große Magierin gar nicht vollbringen könntest. Aber für das, was du tust und wie du mit deinen und den Problemen anderer umgehst.

Auf keinen Fall aber bist du für die Lösung all der kleinen Problemchen verantwortlich, mit denen Energieräuber dir auf die Nerven gehen. Die Liste möglicher Konflikte ist endlos – Probleme im Job, Beziehungsprobleme, Unzufriedenheit mit dem eigenen Aussehen oder der Wohnsituation, finanzielle Belastungen, Probleme bei der Erziehung, Flohbefall bei Haustieren, Blechschäden am Auto, Unpässlichkeiten aller Art …

Wenn dir deine Zeit dafür nicht zu schade ist, dann hör dir ruhig an, was andere zu jammern haben. Aber nähre diese alltäglichen Probleme nicht in dir, indem du ihnen mehr Aufmerksamkeit schenkst, als ihnen gebührt.

Verliere dich nicht in den Konflikten anderer

Probleme erzeugen viel Unruhe im Denken. Je mehr du dich in ein Problem vertiefst, desto mehr Sorgen wirst du haben, und desto mehr Zeit wirst du damit verbringen, dir den Kopf zu zerbrechen. Du wirst schlecht schlafen und deine belastenden Gedanken überallhin mitnehmen. Selbst wenn du in einem traumhaften Wald spazieren gehst, entkommst du ihnen nicht: Du wirst dich nicht wirklich spüren, den Duft des Waldbodens nicht riechen, die Sonnenstrahlen, die durch die Blätter auf das Moos fallen, nicht sehen, die kühle Waldluft auf deiner Haut nicht spüren … Was immer auch im gegenwärtigen Moment zu erleben wäre, wirst du nur bruchstückhaft wahrnehmen, sofern es nicht gleich völlig spurlos an dir vorübergeht, denn deine Aufmerksamkeit wird ganz davon in Anspruch genommen sein, Probleme zu wälzen.

In jedem Augenblick, da du dich gedanklich mit Problemen beschäftigst, schneidest du dich von der Wirklichkeit ab. Das gilt schon für banale, alltägliche Schwierigkeiten, vor allem aber für dramatische.

Wenn dein Partner oder dein Kind schwer erkrankt, kann das für dich zu einer riesigen Belastung werden. Oft empfindet man solche Probleme sogar als noch belastender, als wenn man selbst mit einer schlimmen Diagnose konfrontiert wird. Ist jemand anders betroffen, spürst du deine Hilflosigkeit. Geht es um dich selbst, hast du wenigstens noch die Hoffnung, etwas verändern zu können.

Es ist erstaunlich, wie gut Menschen schwierige und sogar lebensbedrohliche Situationen selbst zu bewältigen vermögen. Die Ressourcen, aus denen sie schöpfen, sind viel stärker, als wir es uns vorstellen mögen. Und so solltest du ruhig mehr darauf vertrauen, dass jeder mit seinen Problemen schon selbst fertigwerden wird, auch wenn es manchmal anfangs noch nicht den Anschein hat.

Hüte dich davor, dich in den Konflikten und Themen anderer zu verlieren. Hüte dich davor, krampfhaft nach Lösungen zu suchen, die anderen sowieso nie dabei helfen werden, ihre Schwierigkeiten zu überwinden, da es nicht die Lösungen sind, die sie selbst gefunden haben.

Jede Art von Sorgen beschwert deine Seele – egal, ob du dich um deinen eigenen Zirkus oder den Zirkus anderer Menschen sorgst. Befreie deinen Geist, und finde zu mehr Leichtigkeit und Freude, indem du Konflikten in deinem Denken keinen Raum gibst.

Wie mitfühlende Abgrenzung dein Leben verwandelt

Hättest du kein Problem damit, dich abzugrenzen, würdest du dieses Buch wohl nicht lesen. Fiele es dir immer leicht, zwischen deinen Problemen und denen anderer zu unterscheiden, auch nicht.

Irgendwo in deinem Bauch oder in deinem Herzen spürst du ganz genau, dass es für dich nicht infrage kommt, dich abzugrenzen, wenn dabei nicht auch Achtsamkeit, Mitgefühl und Verbundenheit im Spiel sind. Im Grunde weißt du längst, dass eine klarere, achtsamere Haltung deine Beziehungen positiv verändern wird. Im Folgenden wollen wir dir dennoch ein paar Punkte aufzählen, die dir die Vorteile eines selbstbewussteren Umgangs mit den Problemen anderer noch etwas deutlicher machen:

Achtsamkeit, Klarheit, Offenheit

Jedes Problem, ganz gleich, ob es nun von außen an dich herangetragen wird oder in dir schwelt, bietet eine Chance zu mehr Achtsamkeit. »Was ist hier eigentlich los? Was steckt hinter diesem Problem? Was macht es mit mir, und welche Entwicklungsmöglichkeiten bietet es mir?«

Achtsamkeit ermöglicht es dir, unter die Oberfläche zu schauen. Auf diese Weise entsteht Klarheit. Ein klarer Blick ist aber immer auch ein offener Blick: Der Nebel lichtet sich, und du hast freie Sicht, kannst dich wieder öffnen. Achtsamkeit führt zu Klarheit, und Klarheit führt zu Offenheit, die dir hilft, aus festgefahrenen Reaktionsmustern auszusteigen.

Verantwortung abgeben

Mit einem dicken Rucksack auf dem Rücken ist es anstrengend, auf einen steilen Berg zu steigen. Wenn du aber noch zusätzlich Zeug in deinen Rucksack stopfst, das anderen gehört – Proviant, Trinkflaschen, Wechselwäsche und so fort –, dann wirst du den Gipfel nur sehr schwer erreichen.

Und wenn du gar noch jemand anderen hochtragen musst, kannst du es wohl komplett vergessen.

»Nehmt doch bitte eure Sachen selbst mit.« Oder in Bezug auf fremde Probleme: »Tut mir leid – ich bin hier nicht zuständig.« An sich sind das Sätze, die man gar nicht sagen müsste. Aber manchmal muss man die Verantwortung eben doch bewusst und ganz entschieden abgeben.

Sobald du dir keine Verantwortung mehr für Umstände aufbürdest, die nicht in deinem Einflussbereich liegen, wird dein Rucksack wesentlich leichter, und so wirst du künftig auch schwere Bergtouren gut bewältigen.

Probleme als Chancen erkennen

Probleme sind nicht das, was sie zu sein scheinen. Auf den ersten Blick sieht es so aus, als würden äußere Ereignisse oder Situationen Schwierigkeiten bereiten, tatsächlich aber ist ein Ereignis einfach nur ein Ereignis, eine Situation nur eine Situation. Nicht das Leben ist es, das Probleme macht – die machen wir uns schon selbst. Und noch mehr als für unsere eigenen gilt das für die Nöte anderer Menschen, in die wir uns ja nicht wirklich hineinversetzen können. Denn wenn wir ehrlich sind, müssen wir zugeben, dass wir uns oft darin täuschen, was der andere wohl denken oder fühlen mag.

Was ist wirklich *dein* Problem? Und mit welchen Themen, die gar nichts mit dir zu tun haben, belastest du dich? Jeder Mensch hat andere »Vorlieben«. Sicher hast auch du deine Lieblingsprobleme. Und die sagen viel über dich aus: Geht es um Abhängigkeit? Um Angst? Bist du dazu erzogen worden, stets brav, gehorsam und höflich zu sein? Suchst du Anerkennung, die du nur zu bekommen glaubst, wenn du den barmherzigen Samariter gibst?

»Zeig mir deine Probleme – und ich sage dir, wer du bist«: Die vielleicht größte Chance, die solche Hindernisse bieten, liegt in der Selbsterkenntnis. Aber es gibt schon auch noch ein paar andere Dinge, die du im Umgang mit Problemen und Abgrenzung lernen kannst …

Selbstfürsorge entwickeln

Sobald du damit aufhörst, dich in die Angelegenheiten anderer zu vertiefen, wird eine Menge Stress von dir abfallen. Du wirst dich sehr viel wohler und leichter fühlen. Negative Einflüsse von dir abperlen zu lassen, im richtigen Augenblick »Stopp« zu sagen und dich, wenn nötig, auch einmal zurückzuziehen – all das sind Möglichkeiten, besser für dich zu sorgen.

Überprüfe dich einmal selbst: Lässt du dich oft in die Dramen anderer Menschen hineinziehen, oder hast du dich dazu entschieden, klare Grenzen zu ziehen? Wie du mit fremden Problemen umgehst, sagt viel darüber aus, ob es dir leichtfällt, auf deine eigenen Bedürfnisse zu hören und dich gut um dich zu kümmern oder nicht. Dich selbst auf achtsame Weise abzugrenzen, ist eine einfache Methode, um mehr Selbstliebe und Selbstfürsorge zu entwickeln.

Lebendige Beziehungen leben

In lebendigen Beziehungen haben Rollenspiele nichts zu suchen. Solange wir nur brav unseren Part spielen und uns immer gleich verhalten, ist echter Austausch nicht möglich. Dann »atmet« die Beziehung nicht mehr – sie ist tot.

Wenn du bisher immer Ja gesagt hast (wenn auch innerlich aufseufzend), ganz gleich, welches Anliegen an dich herangetragen wurde, und nun auf einmal anfängst, gegebenenfalls Nein zu sagen – beispielsweise »Nein, ich habe heute keine Lust, ins Kino zu gehen«, »Nein, ich glaube nicht, dass ich dir bei dem Problem mit deinem Sohn helfen kann« oder »Nein, ich habe im Moment wirklich keine Zeit« –, dann ist es gut möglich, dass deine Mitmenschen erst einmal große Augen machen.

Sobald du anfängst, dich aus alten Rollen zu befreien, dich abzugrenzen und dich auf eine andere Weise als bisher zu verhalten, kann es leicht passieren, dass andere erstaunt, verwirrt oder sogar verärgert reagieren. Das ist nur natürlich. Es hat sich ja tatsächlich etwas ganz überraschend verändert. Das macht aber nichts, denn was vor allem passieren wird, ist viel wichtiger: Nach vielleicht schon viel zu langer Zeit faulen Friedens wird es endlich möglich sein, dich mit anderen wieder intensiv und authentisch auszutauschen.

Es ist nicht immer leicht, zwischen »Ich« und »Du« klar zu unterscheiden, Grenzen zu erkunden und Verständnis für die Bedürfnisse des jeweils anderen zu entwickeln. Immer aber führt es zu mehr Lebendigkeit und Ehrlichkeit. Und im Gegensatz zu einer nur aufgesetzten Höflichkeit und Nettigkeit ermöglicht eine offene Kommunikation echte Verbundenheit.

Alles egal?

Gelassen zu sein, heißt nicht, gleichgültig zu sein. Die Fähigkeit, sich selbst nicht mit den Angelegenheiten der anderen zu identifizieren, erfordert eine gewisse Seelenruhe. Sicher, auch mit Gleichgültigkeit ist es möglich, sich abzugrenzen.

Die bloßen Worte »Dieses Problem lass ich bei dir« sind einfach ein Satz, der erst einmal gar nichts darüber verrät, ob wir es hier mit Gelassenheit oder Gleichgültigkeit zu tun haben. Probleme an den Absender zurückzuschicken, kann ebenso Zeichen von Egoismus wie von Achtsamkeit sein. Entscheidend ist eben immer, welches Gefühl vorherrscht: Abwehr, Angst und Widerwille oder aber innere Stärke, Selbstmitgefühl und Einfühlen. Und ein inneres Gefühl zeigt sich immer auch subtil in der Stimmung, dem Tonfall oder der Mimik, mit der jemand sich abgrenzt.

Gelassenheit wird oft mit Gleichgültigkeit verwechselt. Dabei ist Erstere eine wunderschöne Tugend, während Letztere eine Form der Dummheit ist. Wenn du dich dazu entscheidest, fremde Probleme dort zu lassen, wo sie hingehören – und das solltest du unbedingt tun –, dann nimm dabei eine Haltung freundlicher Gelassenheit ein. Durch Gleichgültigkeit wendest du dich vom anderen ab, durch Gelassenheit bleibst du in Kontakt.

Gelassenheit hilft dir, mit einem Lächeln loszulassen und dein Herz zu öffnen. Im Gegensatz zu kalter Gleichgültigkeit ermöglicht heitere Gelassenheit es dir, die Menschen zu lieben und mit ihnen verbunden zu bleiben.

Grenzen statt Mauern

Werde dir deiner Grenzen bewusst! Entwickle ein Gespür dafür, wann es dir zu viel wird, dich mit fremden Problemen zu beschäftigen. Das heißt, dass du immer wieder in dich hineinfühlst. Denn nur dann kannst du angemessen reagieren. Wann immer andere in deinen persönlichen Raum eindringen und es sich dort gemütlich machen wollen, musst du rechtzeitig Nein sagen und deine Grenzen deutlich zeigen.

Vielleicht hast du dir ja schon lange viel zu viel gefallen lassen: Du hast schon viel zu oft Nein gedacht und dann doch wieder Ja gesagt – und hast dich dabei selbst aus den Augen verloren. Dann fühlst du dich möglicherweise ausgenutzt und hilflos – und es wäre kein Wunder, wenn du dich allmählich hinter einer immer höheren Mauer verschanztest. Je höher und dicker die Mauer ist, desto besser, denn dann kommt garantiert keiner rein.

Grenze dich ab, aber maure dich nicht ein!

Allerdings: Raus kommst du jetzt leider auch nicht mehr. Eine Mauer lässt absolut nichts durch – weder in die eine noch in die andere Richtung. Du sitzt in der Zelle, die du dir selbst zugemauert hast, und schon bald wirst du bemerken, dass du im wahrsten Sinne des Wortes festsitzt.

Im Gegensatz zu Mauern sind Grenzen flexibel. Sie sind nicht jeden Tag gleich. Wie die Grenzlinie zwischen Meer und Strand verändern sie sich immer wieder. Mal brauchst du vollkommenen Rückzug, aber manchmal kannst du auch sehr viel auffangen und verarbeiten.

Dein Energiepegel bestimmt, ob eine Herausforderung dich belastet oder ob du entspannt damit umgehen kannst. Dein Nervenkostüm entscheidet, ob eine Bekannte, die dich mit ihren Problemen zutextet, dir auf die Nerven geht oder ob du ihr ganz gut zuhören kannst, ohne dass dies deine Grenze überschreitet.

Dein Gemütszustand verändert sich von Augenblick zu Augenblick. Er ist flexibel, und somit ist auch deine Grenze flexibel. Du kannst sie immer wieder neu abstecken. Eine Mauer hingegen steht, wo sie steht – steif und fest. Hast du sie erst einmal errichtet, wird es nicht so leicht werden, dich wieder zu befreien.

Um eine Mauer einzureißen, brauchst du einen dicken Vorschlaghammer. Um deine Grenzen zu verschieben, braucht es jedoch lediglich etwas Achtsamkeit.

Abgrenzung aus (Selbst)mitgefühl

Dass Abgrenzung viel mit Selbstfürsorge zu tun hat, leuchtet dir wahrscheinlich schnell ein. Ursprünglich wollten wir den Untertitel dieses Buchs daher auch »Abgrenzung aus Selbstmitgefühl« nennen. Doch dann haben wir erkannt, dass einfühlsame Abgrenzung ja ebenfalls ein Ausdruck von Mitgefühl ist, auch wenn sich das erst mal nicht so offensichtlich zeigt.

Was das Selbstmitgefühl betrifft, ist die Sache wohl klar: Wenn du mehr von dir gibst, als dir guttut, wenn du in Begegnungen deinen eigenen Standpunkt einbüßt, Probleme anderer Menschen sich wie dunkle Wolken über deine Seele legen und dir deine Lebensfreude rauben, dann musst du dich befreien, sonst gehst du vor die Hunde.

Dass wir uns selbst schützen, wenn wir unsere Grenzen zeigen, ist leicht zu verstehen. Aber wie ist das mit dem Mitgefühl? Ist Abgrenzung denn nicht egoistisch? Ist es nicht unsere Aufgabe, anderen dabei zu helfen, ihre Schwierigkeiten zu lösen – erst recht, wenn es um jemanden geht, der uns wichtig ist?

Ignoriere deine eigenen Wünsche, Träume und Bedürfnisse nicht. Überhöre nicht die leise Stimme deines Herzens, die dir sagt, dass du dich gut um dich kümmern musst. Entwickle Selbstmitgefühl, indem du dich abgrenzt, wann immer du spürst, dass dies gerade wichtig für dich ist.

Intuitiv würde man das so sehen. Tatsächlich aber ist es überhaupt nicht egoistisch, die Probleme anderer bei ihnen zu lassen – und tatsächlich kann es auch nicht dein Job sein, ihre Schwierigkeiten zu lösen.

Du schließt sie ja nicht aus deinem Leben aus, wenn du ihre Probleme nicht zu deinen machst und sie nicht für sie löst. Das heißt keineswegs, dass du sie mit ihren Problemen »allein lässt«. Ohnehin musst du niemanden, der Schwierigkeiten hat, sich selbst überlassen. Du kannst achtsam zuhören, kannst ganz für den anderen da sein, ihm deine Zeit schenken und »dein Ohr leihen«. Du kannst jederzeit deine Meinung äußern und, falls das überhaupt erwünscht ist, auch mal den ein oder anderen Ratschlag geben.

Eines jedoch solltest du auf keinen Fall tun: Lass dich nicht in fremde Dramen hineinziehen, gib dich nicht selbst auf! Mach das Drama nicht zu deinem.

Mitfühlend zu sein, bedeutet nicht, dass du

- alles gut finden und akzeptieren musst, selbst wenn du den anderen verstehen kannst,
- immer brav, gehorsam und nett sein sollst,
- alles passiv ertragen und
- um jeden Preis dafür sorgen musst, die Harmonie zu wahren.

Dich auf mitfühlende, achtsame Weise abzugrenzen, heißt, dass du

- versuchst, die Absicht und Sehnsucht anderer klar zu verstehen und zu erkennen, worin genau das Problem eigentlich besteht,
- klare Grenzen setzt und dabei nachsichtig mit dir selbst und anderen umgehst,
- dem oder der anderen gegebenenfalls durch dein Nein deutlich machst, welche Werte dir wichtig sind,
- den Mut hast, Konfrontation zuzulassen, und zugleich genug Mitgefühl aufbringst, um trotzdem verbunden zu bleiben,
- verstehst, dass Harmonie nicht Gleichklang, sondern Zusammenklang ist,
- freundlich und zugewandt und trotzdem ganz bei dir bleibst.

Grenze dich auf mitfühlende Weise ab – sei für den anderen da, aber sei vor allem auch für dich selbst da. Indem du eine rote Linie ziehst, sorgst du für klare Verhältnisse; und klare Verhältnisse bewahren vor Missverständnissen und Konflikten.

Ohne mich!
Schütze dich selbst

Pass gut auf dich selbst auf. Du bist das Einzige, was du hast, was auch immer geschehen mag. Freunde kommen und gehen, Ehen zerbrechen, Kinder verlassen das Haus … Auch wenn es wichtig ist, mit anderen Menschen verbunden zu bleiben – du selbst bist ebenfalls wichtig. Du bist sogar am wichtigsten, denn ohne dich läuft in deinem Leben schließlich gar nichts. Der einzige Mensch, der immer, was auch geschehen mag, unzweifelhaft bei dir ist, bist du selbst!

Lenke deine Aufmerksamkeit auf dich selbst – sei achtsam bei dir selbst. Fang an, dich häufiger zu entspannen, dich öfter wohlzufühlen und dein Leben zu genießen, ohne deinen Kopf ständig mit Schwierigkeiten zu belasten, die nicht einmal deine eigenen sind.

Du hast jedes Recht der Welt, öfter einmal »Ohne mich!« zu sagen – ja, mehr noch: Du bist es dir sogar schuldig. Nur wenn du weißt, wie du dich selbst vor schädlichen Einflüssen zu schützen vermagst, kannst du Mitgefühl für andere entwickeln und sie wirklich aus vollem Herzen unterstützen.

Deine Probleme sind nicht mein Problem

»Dein Haus ist nicht mein Haus«, »Deine Eltern sind nicht meine Eltern«, »Deine Schuhe sind nicht meine Schuhe«, »Deine Probleme sind nicht meine Probleme«: All diese Sätze sind logisch und wahr. Aber während niemand die ersten drei anzweifeln würde, heben viele die Augenbrauen und sind enttäuscht, wenn wir ihnen sagen, dass ihre Probleme nicht die unseren sind.

Offenbar gehen die meisten Menschen davon aus, dass es selbstsüchtig ist, so etwas zu äußern. Dabei ist es doch einfach und klar: »A ist nicht gleich B.«

Zu glauben, dass A und B gleich sind, ist ein Irrglaube – mehr nicht. »Ich finde, dass du dich mit meinen Problemen befassen solltest.« Ja, schon möglich, aber darum geht es erst einmal gar nicht.

Dass die Probleme deiner Freunde oder Familienmitglieder dich belasten, ist natürlich klar. Dennoch *sind* ihre Probleme deswegen noch lange nicht deine. Das können sie nämlich erst werden, wenn *du* sie zu deinen *machst.*

Allerdings: Gefühle sind ansteckend. Darum kann es dir leicht passieren, dass du dich plötzlich mit Emotionen beschäftigen musst, die gar nicht zu dir gehören. Wenn du weder die Zeit noch die Nerven hast, fremde Probleme zu deinen zu machen, musst du dich daher ein für alle Mal dafür entscheiden, dir nicht mehr jeden Schuh anzuziehen – nicht einmal, wenn es der Schuh deiner besten Freundin ist.

Deine Schuhe sind nicht meine Schuhe. Deine Probleme sind nicht meine Probleme. Ich bin ich, und du bist du.

Dass ich nicht du bin und du nicht ich bist, ist an sich so klar wie die Sache mit den Schuhen: Deine Schuhe – meine Schuhe! Aber so einfach gestaltet es sich in Beziehungen dann leider doch nicht. Falls es dir schwerfällt, dich abzugrenzen, liegt das daran, dass du »Ich« und »Du« zu stark vermischst.

Das kann leicht passieren, denn während du deine Schuhe kaum mit denen deiner Kinder verwechseln wirst, sind »Ich« und »Du« nicht so klar voneinander zu unterscheiden. Natürlich weißt du, dass du nicht dein Nachbar oder deine Freundin bist. Doch auf der Gefühlsebene verwechselst du dich möglicherweise tatsächlich mit jemand anderem, nämlich dann, wenn du denkst, dass die Probleme deiner Freundin oder deines Nachbarn deine sind. Es stimmt eben nicht, dass das »Du« dort endet, wo das »Ich« anfängt. Wo beginnt der Strand? Wo endet das Meer?

Wir alle sind miteinander verbunden. Und die Fähigkeit zur Empathie ermöglicht es uns, bis zu einem gewissen Grad mit anderen zu »verschmelzen«. Allerdings ist Empathie nicht nur eine Fähigkeit, sondern oft auch eine Last. Wir entscheiden uns nicht bewusst dafür, die Probleme anderer zu unseren eigenen zu machen – vielmehr ist es so, dass es uns »einfach passiert«.

In unserer Identifikation liegt der Grund dafür, dass die Probleme anderer Leute uns so nahegehen. Wir identifizieren uns mit ihrem Leid – vor allem wenn diese anderen zu unseren Lieben gehören. Im Gegensatz zu einem Schauspieler, der sich bewusst mit seiner Rolle identifiziert und dabei doch er selbst bleibt, bekommen wir es

Es ist eine wertvolle Fähigkeit, sich in andere hineinversetzen zu können. Es ist wunderbar, »einfühlsam« zu sein, aber übertreiben sollten wir es damit nicht. Es gibt nämlich noch vieles darüber hinaus zu fühlen; und das hängt nicht mit anderen, sondern mit uns selbst zusammen. Dann sollte uns auch beim Einfühlen bewusst sein, dass wir doch nur »raten«. Wie es tatsächlich im Innersten eines anderen Menschen aussieht, können wir nämlich nie wissen.

meist gar nicht mit, wenn wir uns die Schwierigkeiten anderer Menschen zu eigen machen – und uns dabei teilweise selbst aufgeben.

»Identifizieren« heißt »gleichsetzen« – wir versetzen uns in einen anderen Menschen, begeben uns sozusagen in seine Gedanken und Gefühle hinein. Und da das unbewusst geschieht, kommen wir dann auch so schnell nicht wieder »zu uns«.

Mach deine Haustür zu

Oft brauchen wir mehr Abstand, um atmen zu können. Aber wie viel Abstand soll es denn bitte sein? Wie viel Nähe und Identifikation willst du zulassen? Wenn dir klar geworden ist, wie viel »Ich« du jeweils brauchst, um du selbst bleiben und dich wohlfühlen zu können, wird es Zeit, Grenzen zu ziehen. Klare Grenzen helfen sowohl dir als auch den anderen dabei, zwischen »Ich« und »Du« zu unterscheiden. Und wenn du sie nicht markierst, landest du schneller, als dir lieb ist, im (Gefühls-)Chaos.

Stell dir nur einmal vor, dass du nach einem anstrengenden Arbeitstag nach Hause kommst und dich ein wenig auf deinem Sofa ausruhen willst. Erstaunt siehst du, dass da schon jemand sitzt – Heinz, der Alkoholiker von nebenan. Während er mit einer Hand die Bierflasche hält, streichelt er mit der anderen seinen sabbernden Schäferhund, der es sich ebenfalls auf deinem Sofa gemütlich gemacht hat. Entsetzt fliehst du in die Küche – aber was ist das? Da steht ein fremder Mann. Schnell stellt sich heraus, dass es ein Staubsaugervertreter ist. Sein neues Modell hat er bereits ausgepackt und die Prospekte überall auf dem Küchentisch verteilt. Dann hörst du Lärm und Gekreische aus dem ersten Stock. Du eilst die Treppe hinauf und öffnest die Schlafzimmertür. Auf deinem Bett sitzen zwei Teenager und schreien sich an. Im Zimmer verteilt liegen Zigarettenstummel und leere Chipstüten.

Langsam wird's dir zu bunt. Du wirst richtig sauer: Was ist hier eigentlich los? Sind alle verrückt geworden?

Das wohl auch – vor allem aber stand dein Haus jedem offen. Als du heute Morgen zur Arbeit gegangen bist, hast du die Tür nicht geschlossen. Sie stand den ganzen Tag sperrangelweit auf. Und nach wie vor hängt das Namensschild ja auch noch gar nicht an der Tür – du hast immer wieder vergessen, es anzubringen. Nur die Fußmatte, auf der »Herzlich willkommen!« steht, die liegt schon da.

Wenn andere dein Revier nicht respektieren, zeigt das zwar, dass sie nicht gerade einfühlsam sind – vor allem aber zeigt es, dass du vergessen hast, ein Stoppschild aufzustellen.

So unerfreulich ungebetene Gäste sind, eins muss man ihnen in diesem Fall lassen: Es war ihnen gar nicht klar, dass sie nicht ins Haus durften. Du hast die Tür offen gelassen, und für sie sah das wohl irgendwie nach einer Einladung aus.

Die eigene Grenze finden

Es braucht klare Ansagen, um deine Grenzen zu wahren. Denn ohne Grenzen entsteht schnell Chaos:

- »Wo ist mein Parkplatz – wo ist deiner?«
- »Ist das jetzt schon Italien – oder sind wir noch in Frankreich?«
- »War der Ball noch drin?«
- »Ist das mein Garten, oder darf da jeder rein?«
- »Sind das meine Probleme, oder sind es deine?«

Wenn du deine Grenzen nicht markierst, werden andere früher oder später in deinen Raum eindringen. Das liegt nicht etwa daran, dass deine Zeitgenossen gemein wären, sondern es ist eine Art Naturgesetz.

Wir können das schon im Tierreich beobachten: Viele Tiere legen großen Wert darauf, ihr Revier zu schützen. Hunde verjagen Postboten aus ihrem Reich, Katzen legen sich mit Nachbarkatzen an, und wenn ein Tiger es wagt, in das Terrain eines Artgenossen einzudringen, ist erst recht die Hölle los. Dann wird das eigene Revier mit Zähnen und Klauen verteidigt.

Beim Menschen ist es kaum anders: Auch hier geht es letztlich darum, sein eigenes Revier zu wahren und seinen Lebensraum nicht von anderen einschränken zu lassen. Wird der persönliche Raum nicht respektiert und rückt jemand einem zu sehr auf die Pelle, fühlt man sich unwohl. Und wenn dir einer so nahe kommt, dass seine Nase deine fast berührt, möchtest du ihm wahrscheinlich eins auf dieselbe geben und wirst das je nach Temperament vielleicht auch tun. Und schon beginnt die Aggressionsspirale.

Um deine persönlichen Grenzen zu schützen, musst du zum Glück in aller Regel weder um dich schlagen noch zum Dolch greifen. Gewalt brauchst du im täglichen Miteinander nicht – etwas Mut aber schon. Bei manchen Menschen ist es leider nötig, dass du ihnen unmissverständlich zeigst, wo deine rote Linie verläuft. Ihnen musst du aufs Deutlichste klarmachen, dass du nicht bereit bist, dir den Raum nehmen zu lassen, den du für dich selbst benötigst.

Was das richtige Maß an Abgrenzung betrifft, so gibt es kein Patentrezept, aber eine einfache Faustregel: Wenn deine Füße trocken sind, bist du noch nicht im Meer. Steht dir das Wasser schon bis zum Hals, bist du auf jeden Fall nicht mehr am sicheren Strand.

Die Frage lautet nur: Wo ist überhaupt deine Grenze? Ist sie fest oder beweglich? Ist sie an jedem Tag gegenüber jedem Menschen und in jeder Situation gleich? Sicher nicht …

Bekanntlich endet das Meer da, wo der Strand beginnt – aber Ebbe und Flut verändern die Grenze beträchtlich. Du kannst keine einfache Linie zeichnen. Natürliche Grenzen sind beweglich und können sich überlappen.

Raus aus der Nettigkeitsfalle

Menschen, die Probleme haben, wollen meist etwas von dir. Vielleicht brauchen sie einen Zuhörer. Vielleicht möchten sie, dass du ihnen deine Zeit schenkst; oder sie haben vor, dich für ihre Zwecke einzuspannen. Wenn das okay für dich ist und du dich damit wohlfühlst – wunderbar! Dann gibt es keinen Grund, dich zu schützen. Wenn du aber nicht anders kannst, als nett zu sein, hast du ein Problem. Würdest du eher ersticken, bevor dir ein Nein über die Lippen kommt, musst du unbedingt mehr Abstand gewinnen, um wieder durchatmen zu können. Du musst dich vor allem dann besser schützen, wenn du

- sehr feine Antennen hast und besonders sensibel bist,
- selbst gerade mit deinen eigenen Problemen beschäftigt bist,
- dich mehr an den Bedürfnissen der anderen als an deinen eigenen orientierst,
- anderen zuliebe auf Wichtiges verzichtest, zum Beispiel auf deine Zeit oder deine Interessen,
- immer höflich, respektvoll und zuvorkommend scheinen willst, sogar dann, wenn du völlig überlastet bist und Forderungen eigentlich zurückweisen willst.

Es ist eine Tatsache, dass Frauen die Gefühle anderer Menschen besonders gut mitempfinden können. Und obwohl auch viele Männer in der Nettigkeitsfalle feststecken, ist es doch für Frauen besonders wichtig und gleichzeitig sehr schwierig, sich zu schützen, indem sie besser auf sich selbst achten.

Verständnis ist gut. Doch achte darauf, dein Verständnis nicht nur für andere zu entwickeln. Je verständnisvoller du nach außen bist, desto größer ist sonst die Gefahr, dass du aus lauter Nettigkeit das Verständnis für dich selbst verlierst.

Erst du, dann die anderen

Wenn das Flugzeug, mit dem du in den Urlaub fliegst, in Turbulenzen gerät und auf einmal eine Sauerstoffmaske vor deiner Nase baumelt, ist das kein gutes Zeichen. Aber immerhin weißt du, was du zu tun hast, denn die Flugbegleiter*innen haben dich vor dem Abflug auf einen Notfall in der Luft vorbereitet: Bevor du anderen helfen kannst, musst du dir erst einmal selbst die Maske aufsetzen. Ganz egal, ob ein Fremder, dein Kind oder deine Mutter neben dir sitzen: erst du, dann die anderen. Das ist nicht egoistisch, sondern überlebenswichtig – nicht nur für dich, sondern auch für alle anderen. Denen kannst du nämlich erst dann helfen, wenn du selbst stabil bist.

Wir brauchen natürlich nicht auf Turbulenzen zu warten, um uns in erster Linie einmal gut um uns selbst zu kümmern. Das können wir in jedem Augenblick unseres Lebens üben – und am besten üben wir es auch dann, wenn wir andere Menschen treffen.

PRAXIS

SO SCHÜTZT DU DICH SELBST

Du kannst dir viele innere und äußere Konflikte ersparen, wenn du lernst, deine Grenzen zu schützen. Nutze dafür die Kraft der Entscheidung: Beschließe ganz klar, dich nicht mit jedem Problem zu befassen, das an dich herangetragen wird.

Sei freundlich, aber vergiss dich dabei selbst nicht. Gib dir die Erlaubnis, auf dein Herz zu hören und dich gut um dich zu kümmern. Du darfst es dir gut gehen lassen, du darfst Freude am Leben haben und dich vor negativen Einflüssen schützen. Nur so kannst du wirklich von Herzen mit anderen verbunden bleiben.

Wahrscheinlich denkst du oft über Dinge nach, die dich stören, doch entscheidest du dich auch bewusst dafür, die Störung zu beenden? Sagst du dir innerlich oder auch laut: »Ich möchte das *eigentlich* nicht mehr …?« Dann machst du es dir schon etwas schwerer, als es sein sollte. Sag lieber kraftvoll: »Ich *will* das nicht mehr!« Außerdem wäre es gut, wenn du auch klar formuliertest, *was* du konkret nicht mehr willst.

Worte ermöglichen es dir, starke Entscheidungen zu treffen und diese tief in deinem Unterbewusstsein zu verankern. Benutze den Satz »Dieses Problem lasse ich bei dir« wie ein Mantra. Anfangs ist es am einfachsten, dir diesen Satz innerlich vorzusagen. Bis du ihn in den richtigen Momenten auch anderen gegenüber äußern kannst, mag es manchmal eine Weile dauern. Lass dich nicht entmutigen, bewahre die Geduld und bleib dran. Und dann lass dich angenehm überraschen, was eine klar formulierte Entscheidung in deinem Leben so alles verändern wird!

PRAXIS

GRENZVERLETZUNGEN WAHRNEHMEN LERNEN

Vor Gefahren wirst du dich nur schützen können, wenn du sie auch erkennst. Falls du die herannahende Straßenbahn übersiehst, kannst du dich schon einmal auf einen längeren Krankenhausaufenthalt einstellen. Bemerkst du den Taschendieb nicht, der sich an deinem Rucksack zu schaffen macht, wirst du dich wohl mit einem Low-Budget-Urlaub zufriedengeben müssen.

Ohne Rauchmelder kann es leicht passieren, dass du erst reagierst, wenn dein Haus lichterloh in Flammen steht. Frühwarnsysteme sind sehr wichtig, denn sie können dich vor großem Schaden bewahren. Zum Glück besitzen auch wir unser eigenes Frühwarnsystem, und zwar gegen jede Form von Stress. Vertraue auf deine emotionale Intelligenz und auf die Intelligenz deines Körpers. Übe dich darin, schnell auf mögliche Grenzüberschreitungen zu reagieren. Ziehe rechtzeitig einen imaginären Zaun um dich herum. Je länger du nämlich wartest und inaktiv bleibst, desto schwieriger wird es, dich später abzugrenzen. Es ist wie bei einem ungebetenen Besuch eines Vertreters: Wenn der erst einmal den Fuß in der Tür hat, wird es schwer, ihn wieder loszuwerden.

Dein Frühwarnsystem, das sind deine Gefühle und dein Körper. In jedem Augenblick schicken sie dir Signale und Informationen. Um diese empfangen und verstehen zu können, musst du nur achtsam hinsehen oder, besser gesagt, hinspüren, statt sie aktiv zu ignorieren.

Nutze dein Frühwarnsystem, wenn du Menschen begegnest, die dir deine Energie und deine Zeit rauben. Nutze es aber auch, wenn du merkst, dass du anfängst, über deine und erst recht fremde Probleme oder fremdes Leid nachzugrübeln. Beim Einschlafen oder während schlafloser Stunden ist die Wahrscheinlichkeit dafür besonders groß, denn die »Dämonen« – die belastenden Gedanken und Gefühle – sind nachtaktiv:

- Achte auf *Gefühle und Stimmungen*, die dir zeigen, dass du dich besser abgrenzen musst: Dazu gehören Ärger, Wut, Nervosität, innere Unruhe, Verzweiflung, Traurigkeit, Erschöpfung, depressive Verstimmungen oder Ängste.
- Achte auf *körperliche Symptome*, die dich darauf hinweisen, dass deine Grenzen verletzt wurden, wie beispielsweise Kopf-, Rücken- oder Nackenschmerzen, Druckgefühle in der Brust, Übelkeit, Magenprobleme, Kurzatmigkeit, Pulsrasen, Herzklopfen oder Bauchschmerzen.

Bei all diesen Signalen handelt es sich um Stresssymptome. Negativer Stress (ja, es gibt auch positiven, anregenden Stress!) macht dich krank, verdirbt dir die Laune und kostet dich deine Lebensfreude. Und dabei tritt Stress nicht nur in Augenblicken realer, physischer Gefahr auf, sondern jede Art körperlicher oder psychischer Belastung kann Stress auslösen. Leider haben schon kleine »Portionen« davon mitunter üble Folgen, sofern sie nur lange genug auf dich einwirken.

Immer wenn es in dir zu körperlichen oder seelischen Anspannungen kommt, erfährst du Stress. Diese Anspannungen entstehen zum Beispiel, wenn du in einem Gespräch »Stopp!« sagen solltest, es aber nicht tust. Oder wenn du gedanklich bei einem Problem bist. Probleme sind Stress pur!

Achte auf dein Frühwarnsystem. Auch Symptome wie Kopfschmerzen, Unruhe oder Erschöpfung sind kluge Wächter, die über deine Grenzen wachen. Sie wollen dir etwas sagen, darum solltest du ihnen deine Aufmerksamkeit schenken:

Bleib achtsam bei deinen Körperempfindungen. Bleib achtsam mit deinen Gefühlen verbunden. Aber lass dir Zeit. Gut möglich, dass dein Frühwarnsystem ein wenig eingeschlafen ist. Das macht nichts – mit jedem Mal, da du es nutzt, wird deine Achtsamkeit dir selbst gegenüber wachsen.

- In welchen Situationen treten solche Symptome auf?
- Wie stark sind sie: eher subtil oder doch klar und deutlich?
- Wann genau treten die ersten Symptome auf? Wann schlagen die Wächter Alarm? Wenn du bestimmten Menschen begegnest? Erst im Laufe eines Gesprächs? Oder wenn du gedanklich in eine Geschichte einsteigst und deine Fantasie mit dir durchgeht?

Das mach ich nicht gegen dich, sondern für mich

Anderen die eigenen Grenzen zu zeigen und nicht für jeden und alles offen zu sein, ist nicht selbstsüchtig, sondern sehr heilsam. Dabei stellt sich jedoch die Frage: »Wie sag ich's meinem Kinde?« Wenn du dich abgrenzt, wird es immer Leute geben, die das missverstehen. Sie werden glauben, du wolltest den Kontakt abbrechen oder sie hätten etwas falsch gemacht, und zwar auch dann, wenn du nichts dergleichen gesagt hast. Da es aber genau darum nicht geht, ist es wichtig, die richtigen Worte zu finden.

Der Satz »Deine Probleme sind mir völlig egal« wird bei anderen wohl kaum auf Verständnis stoßen. Mit Abgrenzung aus Mitgefühl hat er natürlich auch ganz und gar nichts zu tun. In der nächsten Übung wollen wir dir einige Formulierungen vorstellen, durch die du das mitfühlender kommunizieren kannst. Sofern du es freundlich und im richtigen Ton sagst, sollte eigentlich deutlich werden, dass es sich überhaupt nicht gegen den anderen richtet, wenn du dich besser abgrenzt. Doch leider ist das nicht immer klar.

Falls du dir wünschst, dass dein Gegenüber dich versteht, wenn du dich zurückziehst, musst du ihm eines verständlich machen: Du machst das nicht gegen andere, sondern weil es wichtig für dich ist.

Nimm dir mal ein paar Minuten Zeit, um dir bewusst zu machen, wovor ein Nein zum rechten Zeitpunkt dich schützt: zum Beispiel davor, deine Zeit und Energie zu vergeuden. Oder davor, deine eigenen Bedürfnisse zu übersehen. Vielleicht schützt es dich aber auch davor, zu oft Ja und Amen zu sagen und dich anschließend wieder tagelang zu ärgern oder schlecht zu fühlen …

Überlege in Ruhe, inwiefern es dir konkret hilft, wenn du Nein sagst. Je klarer dir das ist, desto überzeugender wird es später rüberkommen, wenn du sagst: »Das mache ich nicht gegen dich, sondern das mache ich für mich!«

PRAXIS

DIE RICHTIGEN WORTE FINDEN

Kleine Kinder mögen das Wörtchen »Nein«: »Nein – diese Suppe ess ich nicht!«, »Nein – ich mag nicht zu Oma, ich will in den Zoo!«, und zwar in dem Alter, in dem sie ihre Identität ausbilden und ausloten, welche Grenzen sie setzen können. Wir als Erwachsene sind aber keine kleinen Kinder, weiteres Ausloten ist unnötig. Und daher müssen wir auch nicht wie Kinder, sondern können wie Erwachsene reagieren, denn wir wollen ja niemanden vor den Kopf stoßen.

Die richtigen Worte zu finden, ist jedoch nicht leicht: Wir wollen ehrlich sein, sollen aber andererseits auch freundlich bleiben – zwei Dinge, die nicht immer gut zusammengehen. Wir wollen niemanden verletzen oder brüskieren, andererseits möchten wir doch auch unseren Standpunkt verteidigen. Gute Kommunikation braucht also viel Feingefühl. Feingefühl heißt aber ganz und gar nicht, um jeden Preis gehorsam zu sein und sich manipulieren zu lassen!

Worte sind die einfachste Möglichkeit, anderen deine Grenzen klarzumachen. Um in verschiedenen Situationen und bei verschiedenen Menschen jedoch die jeweils richtigen Worte zu finden, musst du ein wenig experimentieren. Entscheide dich dabei nicht für oberflächliche Höflichkeit und Gefälligkeit, sondern für Offenheit und Ehrlichkeit.

An sich ist es gar nicht so schwer, sich auf mitfühlende Weise abzugrenzen. Es erfordert lediglich etwas Achtsamkeit und die Fähigkeit, in gutem Kontakt nicht nur nach außen, sondern vor allem auch nach innen, mit sich selbst zu sein. Immer aber braucht es auch die richtigen Worte.

Probiere es beispielsweise mal mit folgenden Sätzen, und beobachte, welche Erfahrungen du damit machst:

- »Dieses Problem möchte ich bei dir lassen, weil
  - mir das zu nahe geht,
  - es dir nicht hilft, wenn ich die ganze Nacht grüble,
  - ich jetzt gar nicht weiß, wie ich dir helfen könnte,
  - ich davon überzeugt bin, dass du selbst der einzige Mensch bist, der dein Problem bewältigen kann …«
- »Ich hoffe du kannst verstehen, dass ich
  - mich an dieser Stelle zurückziehe,
  - gerade etwas Zeit brauche, um ganz für mich zu sein,
  - mich im Augenblick um mein eigenes Problem kümmern muss,
  - etwas Abstand brauche, um mehr Klarheit zu gewinnen,
  - dir jetzt lieber nichts versprechen möchte …«

Versuche mit der Zeit, deine eigenen Worte zu finden. Denk aber daran, dass es nicht darum geht, zu klagen oder dich zu rechtfertigen. Es geht lediglich darum, den anderen zu informieren. Es geht darum, Verständnis zu ermöglichen.

Es braucht Mut, um klare Worte zu finden. Es braucht Achtsamkeit, um freundliche Worte zu finden. Es braucht Mitgefühl, um einfühlsame Worte zu finden. Wenn der andere dich dann versteht, ist das wunderbar, wenn nicht, ist es nicht dein Fehler – du hast getan, was du tun konntest.

»Man muss immer für andere da sein«

Das ist ein typischer hinderlicher Glaubenssatz. Wahrscheinlich hast du schon mal etwas über Glaubenssätze gehört, aber ist dir auch bewusst, wie vehement sie sich auf all deine Gefühle und Handlungen auswirken? Die Worte, die du denkst, haben enorme Macht.

Was sind Glaubenssätze? Im Grunde nichts anderes als prägnante Aussagen, die das, was du über dich selbst, die Menschen und die Welt denkst, auf den Punkt bringen. Diese Sätze sind tief in dir verankerte Formeln. Sie laufen meist schon seit der Kindheit wie ein Programm in deinem Geist ab. Deine Bezugspersonen – Eltern, Lehrer, Freunde und Verwandte – waren die Programmierer. Sie haben dich allerdings nicht aus böser Absicht mit Glaubenssätzen überzogen, die dich unglücklich oder dir das Leben schwer machen. Sie wussten es einfach nicht besser. Einige deiner einschränkenden Glaubenssätze sind später durch negative Erfahrungen dazugekommen und quasi »selbstgemacht«. Sie konnten entstehen, weil du aus irgendwann einmal gemachten Erfahrungen so etwas wie »ewige Wahrheiten« abgeleitet hast. Dabei ist natürlich jede Erfahrung einfach nur eine von tausend möglichen – es kommt immer drauf an, was man draus macht.

Wenn du unglücklich bist, wenn du etwas an deinem Verhalten ändern möchtest, wenn du erfolgreicher oder selbstbewusster werden oder dich weniger abhängig von anderen machen willst, solltest du einschränkende Glaubenssätze so schnell wie möglich aus deinem Kopf verbannen. Ändere deine Gedanken, und du änderst deine Wahrnehmung. Und damit änderst du deine Welt!

Das Dumme an Glaubenssätzen ist, dass sie im Unterbewusstsein wirken. Es ist, als säße dir ein kleines Männlein oder Weiblein im Ohr, das dir Dinge zuflüstert, die du ihm einfach glaubst, obwohl du es nicht einmal sehen kannst.

Ein typischer Glaubenssatz lautet beispielsweise: »Das Leben ist anstrengend.« Stell dir nur mal vor, wie sich jemand fühlt, der von der Richtigkeit dieses Satzes überzeugt ist. (Und wir sind schließlich alle überzeugt davon, dass das, was wir glauben, die Wirklichkeit ist!)

Deine Glaubenssätze entscheiden darüber, wie dein Leben verläuft, da sie sich sehr stark auf dein Denken, deine Gefühle, deine Beziehungen, deinen Erfolg und sogar auf deine Gesundheit auswirken.

Wenn du nur fest genug *glaubst*, dass du alles, was du tust, tun *musst*, und dass dies alles furchtbar anstrengend ist und überhaupt keinen Spaß macht, kannst du darauf wetten: Es wird sich tatsächlich so anfühlen. Und dann rutschst du immer tiefer in die Glaubenssatzfalle: Du meinst, das Leben sei anstrengend, also fühlt sich alles anstrengend an. Und so bestätigen deine Erfahrungen, dass du recht hast – was natürlich Quatsch ist. Hättest du nämlich den Glaubenssatz »Das Leben ist leicht«, würden genau die gleichen Dinge dir leichtfallen und dir wahrscheinlich auch noch richtig Spaß machen.

Glaubenssätze sind Filter, durch die du die Wirklichkeit wahrnimmst – und diese Filter spielen auch eine große Rolle, wenn's um das Thema »Abgrenzung« geht: Wie reagierst du, falls dich jemand um Hilfe bittet, die du eigentlich gar nicht leisten kannst? Was machst du, wenn jemand mit Problemen zu dir kommt, für die du gerade nicht den Nerv hast?

Auch wenn es deinem Kopf noch so klar ist, dass du dich abgrenzen solltest – solange ein Glaubenssatz wie »Ich muss immer für andere da sein« oder »Ich bin nicht wichtig« im gleichen Kopf herumgeistert, wirst du immer wieder in die Falle tappen und das Falsche machen.

Glaub nicht alles, was du glaubst

Natürlich ist dieser Satz logisch gesehen völlig unsinnig, denn: »Was ich glaube, das glaube ich nun einmal.« Stimmt – aber wer sagt, dass es nicht auch anders sein kann und du das, was du im Moment glaubst, auch in Zukunft glauben musst? Denn darum geht es hier – was immer du glaubst, ist eine Wahl. Als Kind hattest du natürlich noch keine. Du hast vielleicht gelernt, dass die einzige Möglichkeit, dir das Wohlwollen und die Zuneigung deiner Eltern zu sichern, darin bestand, dich anzupassen – brav und gehorsam zu sein. Aber du musst dich nicht bis ans Ende aller Tage unterwürfig und ergeben zeigen. Du kannst den Schalter umlegen – und zwar deshalb, weil du jetzt die Wahl hast.

Was immer du im Moment glaubst, ist nicht unumstößlich. Glaubenssätze sind keine in Stein gemeißelten Gesetze – du kannst sie löschen und überschreiben. Und genau das solltest du unbedingt tun, wenn ein Glaubenssatz deinem Glück, deiner Freiheit oder Authentizität im Weg steht. Oder wenn er es dir unmöglich macht, Nein zu sagen.

Kommen dir einige der folgenden Glaubenssätze bekannt vor?

- »Ich habe die Verantwortung für …«
- »Man sollte nicht widersprechen.«
- »Man muss immer nett sein.«
- »Ich bin nicht wichtig.«
- »Ich darf andere nicht vor den Kopf stoßen.«
- »Verärgert, wütend oder ungeduldig zu sein gehört sich nicht.«
- »Ich muss Menschen immer helfen, ihre Probleme zu lösen.«
- »Ohne mich schaffen meine Kinder es nicht, ihr Leben auf die Reihe zu kriegen.«

Wenn du dich von einem dieser oder ähnlicher Sätze leiten lässt, dann mach doch mal einen kurzen Check. Frag dich:

- »Macht mich dieser Satz glücklich?«
- »Führt er zu mehr Gelassenheit?«
- »Trägt er dazu bei, dass ich loslassen und mich entspannen kann?«
- »Hilft dieser Glaube mir, mein Leben leichter und unbeschwerter zu machen?«

Fällt dein Glaubenssatz bei diesem Check durch, dann mach dir eins klar: Es gibt keinen Grund, einen schweren Rucksack voll unbrauchbaren Zeugs länger durchs Leben zu schleppen. Leg ihn ab!

PRAXIS

IN FÜNF SCHRITTEN ZU POSITIVEN GLAUBENSSÄTZEN

Die folgenden fünf Schritte zeigen dir, wie du behindernde Glaubenssätze in deinem Kopf zu löschen und sie durch positive zu ersetzen vermagst.

1. Erkenne deine Glaubenssätze

Achte darauf, wann deine innere Stimme dir zum Beispiel sagt, du seist für das Glück anderer Menschen verantwortlich, oder es gehöre sich, immer und in jeder Situation hilfsbereit zu sein. Du erkennst Glaubenssätze daran, dass sie oft pauschalisierende Wörter wie »immer«, »alle«, »keine«, »jeder« oder »niemals« enthalten. Dadurch wird der Eindruck erweckt, es handle sich um unveränderliche Wahrheiten oder Naturgesetze: »*Jeder* hat das Recht auf meine Hilfe«, »Ich darf *niemanden* enttäuschen«, »*Keiner* soll denken, dass ich ein Egoist bin«, »Ich werde meine Ziele *niemals* erreichen« … Auch stereotype Phrasen wie »Ich muss …«, »Es gehört sich nicht …«, »Man soll …« oder »Ich darf nicht …« deuten auf typische einschränkende Glaubenssätze hin.

Leider ist es nicht leicht, solche Dogmen in dem Moment zu erkennen, da sie ihr Unwesen treiben. Doch im Rückblick wird oft klarer, warum wir ihnen in die Falle gegangen sind: Wenn du deine Grenzen in einem Gespräch oder bei einer Begegnung nicht verteidigt hast und dich anschließend ärgerst oder erschöpft bist, dann erinnere dich an die Situation und überlege, welcher Glaubenssatz dich daran gehindert hat, rechtzeitig »Stopp« zu sagen.

2. Prüfe den Wahrheitsgehalt

Schau dir deine Glaubenssätze ganz genau an. Sagen wir mal, einer lautet: »Ich muss mich ganz auf jemanden einlassen, der mit einem Problem zu mir kommt.«

Ist das wirklich wahr? Bist du tatsächlich absolut sicher? Wer sagt das überhaupt? Würde die Welt untergehen, wenn du dich nicht auf sie/ihn einließest?

3. Gegencheck: Wer wärest du ohne diesen Glaubenssatz?

Hast du schon einmal ausprobiert, das Gegenteil von dem anzunehmen, was dein Glaubenssatz dir einflüstert? Wie würde sich das anfühlen? Wenn du meinst, du dürftest etwas nicht oder müsstest etwas Bestimmtes tun – wie wäre dein Leben wohl, wenn du einfach glaubtest, dass du es doch darfst und keineswegs musst? Versuche, dir vorzustellen, wie du in verschiedenen Situationen handeln, entscheiden und sprechen würdest, wenn du deinen Glaubenssatz losgelassen hättest. Nimm deine Fantasie zu Hilfe: Stell dir bildlich Szenen von Begegnungen mit Freunden, Familien oder Kollegen vor. Und dann probier es später auch im Alltag aus.

4. Das alte Programm überschreiben

Sobald du erkennst, dass ein Programm in deinem Kopf abläuft, welches dich dazu zwingt, um jeden Preis angepasst, brav und nachgiebig zu sein, musst du eine Entscheidung treffen. Lösche schädliche Glaubenssätze, die dich inflexibel machen, indem du sie durch aufbauende Glaubenssätze ersetzt, die dein Selbstbewusstsein stärken, deine Möglichkeiten erweitern und dir dabei helfen, dich effektiv abzugrenzen.

Folgende Sätze sind beispielsweise hilfreich, um beeinträchtigende mentale Muster zu durchbrechen:

- »Ich darf mich zuerst um meine eigenen Bedürfnisse kümmern.«
- »Ich darf ›Stopp!‹ sagen.«
- »Ich muss nicht für jeden da sein.«
- »Ich brauche nicht *immer* für meine Liebsten einzuspringen.«
- »Ich muss den Erwartungen der anderen nicht unter allen Umständen gerecht werden.«
- »Ich darf die Probleme, die andere Menschen haben, bei ihnen lassen.«
- »Ich darf mir wichtig sein und meinem eigenen Weg folgen.«

5. Hab Geduld

Glaubenssätze lassen sich nicht so mir nichts, dir nichts aus deinem Bewusstsein löschen. Misstraue Leuten, die das Gegenteil behaupten.

Deine Gedanken führen ein Eigenleben. Glaubenssätze, die meist seit deiner frühen Kindheit, also wohl schon seit Jahrzehnten, gebetsmühlenartig in dir ablaufen, lassen sich zum Glück aber trotzdem löschen.

Die folgenden Methoden sind sehr effizient, wenn du sie regelmäßig einsetzt. Das lohnt sich jedoch, denn wenn du auch nur einen einzigen behindernden Glaubenssatz löschst, wird das dein ganzes Leben positiv verändern:

- Ertappe dich dabei, wenn du in negativem Denken feststeckst. Mach eine Alltagsmeditation daraus, dir immer wieder beim Denken oder beim Grübeln zuzuschauen. Wann immer du in deinem Kopf einen Satz wie »Ich muss zu jedem immer nett und höflich sein« erwischst, sage innerlich: »Stopp!«, und formuliere einfach mal das Gegenteil: »Ich muss überhaupt nicht nett und höflich sein, schon gar nicht *immer* und *zu jedem*.«
- Wende positive Glaubenssätze wie heilende Affirmationen an. Eine gute Dosierung ist »zweimal täglich je dreimal«. Angenommen, dein positiver Glaubenssatz lautet: »Ich darf mich zuerst um mich selbst kümmern«, dann sprich ihn morgens im Bad dreimal laut vor dem Spiegel. Und wiederhole das Ganze auch dreimal abends. Schau dir dabei tief in die Augen, lächle, und versuche, den Satz nicht nur zu denken, sondern ihn auch zu fühlen.
- Nutze die »Vorbeugungsmethode«. *Bevor* du jemanden triffst, einen Termin, ein Gespräch oder ein Telefonat mit einem Menschen hast, der dir gewöhnlich deine Energien raubt, solltest du dir deinen positiven Glaubenssatz mehrmals innerlich vorsagen und erst anschließend »in den Ring steigen«.
- Die direkte Umsetzung: Diese Methode erfordert viel Achtsamkeit. Dabei geht es darum, dass du immer sofort, wenn jemand deine Grenzen verletzt, die Notbremse ziehst. Dazu musst du aber sehr wach sein und dir schon im Vorfeld vornehmen, bei Begegnungen mit anderen auf deine behindernden Gedankenmuster zu achten.

Die eigene Mitte wahren

In deiner Mitte bist du stark und stabil. In deinem Zentrum konzentrieren sich all deine Kräfte. Bist du in deiner Mitte, dann brauchst du keinen »Schutz« vor übergriffigen Menschen mehr. Solange du zentriert bist, werden alle Manipulationsversuche nämlich ganz von selbst an dir abprallen.

Wenn du in deiner Mitte ruhst, wird deine Ausstrahlung so positiv und stark sein, dass sie andere automatisch davon abhält, dir deine Zeit zu stehlen und dich als Mülldeponie für ihre Probleme und negativen Gefühle zu missbrauchen.

Einem mächtigen Baum mit starken Wurzeln, die tief in die Erde reichen, kann kein Sturm etwas anhaben; denn seine Würde und Kraft schützen ihn auf natürliche Weise.

»Energy flows, where attention goes«: Achte also darauf, wohin deine Aufmerksamkeit fließt. Richtest du sie auf beunruhigende und negative Gedanken? Auf das, was andere von dir erwarten? Steigst du in die Gruselgeschichten ein, die dir dein Kopf erzählt – in die Fantasien darüber, was alles Schlimmes passieren wird, falls du nicht brav und angepasst bist?

Wenn du nervös, sorgenvoll, verunsichert oder erschöpft sein solltest, ist das ein sicheres Zeichen dafür, dass du deine Aufmerksamkeit in die falsche Richtung gelenkt hast. Solange du in gutem Kontakt zu dir selbst bist, solange du dich spürst und ganz bei dir bleibst, wirst du nicht unter Unruhe, Sorgen oder Kraftlosigkeit leiden – ganz gleich, mit welchen Problemen du konfrontiert wirst.

Richte deine Achtsamkeit auf dein Zentrum – auf deinen Körper, deinen Atem und all das, was du hier und jetzt über deine Sinne wahrnehmen kannst. In diesem gesammelten Zustand erfährst du eine tiefe innere Ruhe und entwickelst Vertrauen in dich selbst. Und nur wenn du gesammelt und in deiner Mitte bist, wird es dir auch gelingen, deine Grenzen zu spüren und zu wahren. Auf diese Weise bleibst du Herr über deine Kräfte, und du wirst souverän auf Herausforderungen reagieren können.

PRAXIS

ZENTRIERE DICH

Es ist nicht leicht, Menschen, die ihre Sorgen bei dir abladen wollen, mitfühlend zu begegnen. Wenn die Probleme banal sind, nervt es ungemein. Sind sie ernsthaft, belasten sie dich. Was auch immer der Fall sein mag, Achtsamkeit und Gelassenheit erleichtern den Umgang mit solchen Situationen. Grundsätzlich ist es immer möglich, eine harmonische Stimmung zu fördern und anderen Kraft zu schenken, ohne dich selbst aufzugeben. Das klappt jedoch nur, wenn du Kontakt zu deinem Zentrum aufnimmst.

Gerade in schwierigen Begegnungen, wenn Gespräche zum Beispiel um Probleme kreisen oder wenn es um kritische Themen geht, solltest du dir innerlich eine einfache Frage stellen: »Bin ich noch zentriert? Bin ich noch bei mir?«

Was bedeutet es überhaupt, zentriert zu sein? Es heißt, dass du dich selbst spürst, unter allen Umständen die Ruhe bewahrst und gut mit deinem Körper verbunden bist. Das kann dir mit folgenden drei Schritten gelingen.

1. Stell Kontakt zu deinem Körper her

In seine Mitte zu kommen, heißt vor allem einmal, sich im Körper zu zentrieren. Er spielt hier wortwörtlich die *zentrale* Rolle. Dein Körper ist ein Tor, durch das du in jedem Augenblick ins Hier und Jetzt gelangen kannst. Er ist immer *hier*, und er ist immer *jetzt*. Wie du ihn bewertest und ob du mit seinem Aussehen zufrieden bist oder nicht – all das spielt dabei überhaupt keine Rolle. Das Einzige, was zählt, ist, dass du deinen Körper spürst, dich in ihn einfühlst und ihn als Hafen nutzt, der es dir ermöglicht, im Sein zu ruhen.

Um dich zu zentrieren und zu stabilisieren, lenkst du deine Achtsamkeit auf deinen Körper. Du kannst das zu Hause in Form einer kleinen Meditation üben. Mach es aber vor allem dann, wenn du anstrengende Menschen triffst oder schwierige Gespräche führen musst.

Die Aufmerksamkeit auf deinen Körper zu lenken, ist gar nicht so schwer:

- Achte darauf, dass deine Haltung aufrecht ist. Egal, ob du sitzt oder stehst – mach deinen Rücken gerade und lang. Allein schon dadurch, dass du nicht mehr in dir zusammensinkst, sondern dich deinem Umfeld aufrecht zuwendest, strahlst du Selbstbewusstsein aus.
- Spüre deine Füße. Nimm guten Kontakt zum Boden auf. Indem du deine Achtsamkeit nach unten und vor allem in die Fußsohlen lenkst, verankerst du dich und entwickelst das Gefühl, getragen zu sein. Achte darauf, den Boden möglichst mit der ganzen Fuß- beziehungsweise Schuhsohle

zu berühren, und darauf, dass beide Füße Bodenkontakt haben.

- Überprüfe, ob du unnötigerweise Muskeln anspannst. Verspannungen führen zu Blockaden und erschweren es dir, dich in deiner Mitte zu verankern. Vielleicht bemerkst du Anspannungen in den Schultern, im Gesicht oder im Bauch. Entspann dich, und lass sie los, so gut es geht.

2. Den Atem nutzen

Ebenso wie dein Körper kann auch dein Atem zu deinem Anker werden. Vielleicht klingt es paradox, aber tatsächlich besteht die beste Art, dich zu schützen und »Angriffe« abzuwehren, nicht darin, eine angespannte, kämpferische Haltung einzunehmen. Viel wirkungsvoller ist es, dich vollkommen zu entspannen. In deine Mitte kommst du nicht mit zusammengebissenen Zähnen und rotem Kopf, sondern nur, indem du loslässt und dich mithilfe des Atems in dir selbst niederlässt:

- Lenk deinen Fokus auf deinen Atem.
- Atme tief und vollständig durch die Nase ein, wenn dir das möglich ist, und langsam und sanft durch die Nase aus. Das Ausatmen sollte deutlich länger dauern als das Einatmen. Im Idealfall etwa doppelt so lang.
- Mit jeder langsamen Ausatmung sagst du dir innerlich: »Ent-spannen – los-lassen …«

3. Hara, das Körperzentrum

Mach dir im letzten Schritt dein Hara bewusst, das ist dein körperliches Energiezentrum und dein Mittelpunkt. Es liegt etwa eine Handbreit unterhalb deines Nabels in der Mitte deines Unterbauchs.

Wenn du mit deinem Hara verbunden bist, wirft dich so schnell nichts mehr um. Du kannst Kontakt zu dieser Energiequelle aufnehmen, indem du eine Handfläche auf die Mitte deines Unterbauchs legst und deine Aufmerksamkeit ganz auf diese Region richtest. Nutze das Ausatmen, um deine Schultern und dein Gesicht zu entspannen und mit jedem Atemzug Kraft nach unten zum Hara zu lenken, und zwar einfach dadurch, dass du dich auf die Mitte deines Bauches fokussierst.

Energieräuber und Zeitdiebe

Gute Beziehungen nähren uns und schenken uns das Gefühl von Verbundenheit. Sie leben von einem gesunden Austausch. Jeder hört dem anderen zu, man vertraut einander etwas an und unterstützt sich gegenseitig – die Betonung liegt dabei auf *gegenseitig*. Energieräuber und Zeitdiebe handeln hingegen überaus *einseitig*. Bestimmt kennst du diese Leute, die ständig nur über ihre eigenen Themen reden wollen. Sie fragen gar nicht erst, ob dich ihre Geschichten überhaupt interessieren, da sie nur ihre eigenen Bedürfnisse auf dem Schirm haben.

Energieräuber sind Menschen, die dich bewusst oder unbewusst manipulieren. Sie rauben dir deine Zeit und spannen dich für ihre Zwecke ein, und sei es nur zum Zweck, bei jemandem ihre Probleme abladen zu können.

Natürlich ist jeder von uns anderen gegenüber mal unachtsam. Selbstverständlich ist deine beste Freundin zuweilen hilfsbedürftig, will dein Freund dir gelegentlich sein Herz ausschütten oder belastet dich deine Mutter vorübergehend mit ihren Sorgen. Aber was ein richtiger Energieräuber ist, der begnügt sich nicht mit derlei Kleinigkeiten. Energieräuber sind gierig. Manche sind regelrechte »Energie-Vampire«: Sie saugen dir deine Energie geradezu aus und ziehen dich mächtig runter. Und das nicht nur hin und wieder, sondern ständig. Energieräuber brauchen immerzu Rat und Hilfe und haben, wenn überhaupt, nur wenig Respekt vor deinen Grenzen.

Energieräuber können recht harmlos wirken, sie sind es aber nicht. Sie zerstören dein psychisches Immunsystem und schaden deiner Gesundheit. Lass dich nicht von ihnen an der Nase herumführen und ausnutzen. Lass ihre negativen Gefühle und ihre Probleme bei ihnen. Wiederhole in ihrer Gegenwart innerlich immer wieder das Mantra »Not my circus – not my monkeys«.

In unserer Gesellschaft gibt es leider viel zu viele Egozentriker. Sie laufen mit ausgefahrenen Ellbogen durchs Leben und sehen in anderen nur eine Kulisse für das Theaterstück, in dem sie selbst die Hauptrolle spielen. Überlass diesen Leuten nicht die Bühne. Stelle dich Egoisten und Narzissten entgegen, wann immer sie übergriffig werden.

Wir brauchen in unserer Welt heute viel mehr Achtsamkeit und Mitgefühl. Wir brauchen Menschen, die offen und empathisch sind. Triffst du auf unsensible Leute, die deine Grenzen nicht respektieren, dann zeig sie ihnen – freundlich, aber auch klar und deutlich. Das tust du nicht nur für dich, sondern auch für sie. Denn irgendwann einmal muss schließlich jeder lernen, mit Grenzen zurechtzukommen. Vor allem Menschen, die rücksichtslos sind und bisher kaum Widerstand erfahren haben.

Werde zur Widerstandskämpferin, werde zum Widerstandskämpfer. Häng ein dickes Schild an die Tür deines Porzellanladens: »Zutritt für Elefanten verboten!«

Wölfe im Schafspelz

Vielen Menschen sieht man es überhaupt nicht an, dass sie Energieräuber sind. Sie wirken harmlos, sind freundlich und wickeln einen mit ihren Problemen erst im Laufe eines Gesprächs um den Finger. Wie kannst du sie rechtzeitig entlarven? Grundsätzlich solltest du wissen, dass Energieräuber überall lauern können – ob im Freundeskreis, in der Familie, im Job oder in der Partnerschaft.

Menschen, die sich als nette Plaudertaschen oder interessierte Gesprächspartner tarnen und dir doch klammheimlich Nerven und Energie rauben, sind also manchmal schwer zu erkennen. Und doch gibt es einige Hinweise – eindeutige Signale, die dir helfen, sie zu durchschauen:

- Energieräuber laden regelmäßig ihre negativen Gefühle bei dir ab.
- Sie reden oft sehr schnell, sodass du kaum Gelegenheit hast, eigene Gedanken ins Gespräch einzubringen.
- Sie unterbrechen dich häufig, wenn du gerade sprichst.
- Sie reden besonders oft und lang über sich selbst,
- brauchen ständig deine Zeit und Aufmerksamkeit,
- achten nicht auf dich und
- haben wenig Feingefühl.

Wenn du von bestimmten Leuten immer wieder genervt bist oder dich ausgelaugt fühlst, nachdem du mit ihnen zusammen warst, ist das ein klarer Hinweis darauf, dass du es mit Energieräubern zu tun hast.

Sicher kennst du diese aufdringlichen Leute, die uns im Alltag begegnen – den Taxifahrer, der sich über unfähige

Wenn du deine Mitmenschen achtsam beobachtest, wirst du schnell erkennen, ob du es mit einem Energieräuber zu tun hast. Stell dir dazu nur eine einzige Frage: Hat dein Gegenüber ein echtes Interesse an dir, oder geht es ihm nur darum, zu jammern, zu nörgeln oder zu tratschen?

Politiker auslässt, die Friseurin, die nicht weiß, wo sie mit ihrer pflegebedürftigen Mutter hinsoll, der Sitznachbar im Zug, der nicht aufhört, seine langweilige Familiengeschichte vorzutragen … Vor diesem ganzen Gequatsche kannst du dich leicht schützen: Dazu genügt es, dir immer wieder klarzumachen, dass es überhaupt keinen Grund gibt, auf diese Themen einzusteigen.

Von Jammersusen und Meckerfritzen

Du kannst Energieräuber in bestimmte Typen einteilen. Dabei solltest du allerdings bedenken, dass solche Kategorisierungen immer mit Vorsicht zu genießen sind. Menschen sind komplexe Wesen, die nicht auf eine einzige Eigenschaft reduziert werden können. Falls bestimmte Charakterzüge, die auf Kosten deiner Energie und Motivation gehen, bei ihnen vorherrschen, sollten allerdings deine Alarmglocken läuten. Wenn du zum Beispiel die folgenden häufigsten Energieräuber-Muster kennst, wirst du Energieräubern nicht mehr so leicht zum Opfer fallen.

Jammersusen

Die Jammersuse muss keinesfalls eine Suse, sondern kann durchaus auch ein Fritz sein. Männer lamentieren nämlich auch nicht weniger als Frauen. Jammerer bemitleiden sich ständig selbst und sehen das Leben als ihren Feind an. »O Gott, diese Hitze halte ich nicht mehr aus«, »Das Dessert ist viel zu süß«, »Der neue Chef ist viel zu jung«, »Ich bin ja so gestresst«, »Ständig wollen alle irgendwas von mir«, »Ausgerechnet am Wochenende muss es schon wieder regnen ...« – irgendwas ist immer. Gründe, unzufrieden zu sein, findet man überall, sofern man seinen negativen Gedanken freien Lauf lässt.

Um ihre Unzufriedenheit am Laufen zu halten, brauchen Jammersusen jemanden, der ihnen beipflichtet und immer wieder mal mitleidig den Kopf schüttelt. Gib gut acht, dass du nicht dieser Jemand bist!

Pessimisten

Pessimisten sehen überall Katastrophen. Ihre Gedanken sind ständig in die Zukunft gerichtet und zwar in eine düstere, gefährliche. Wenn du begeistert von deinen Reiseplänen erzählst, runzeln sie die Stirn und sagen: »Was? Ausgerechnet da willst du hin? Weißt du denn nicht, wie gefährlich es dort ist?« Oder: »Wie bitte? Mit dieser Fluggesellschaft fliegst du? O Gott!« Erzähl einem solchen Schwarzseher bloß nichts von neuen beruflichen Plänen oder einem neuen Partner: Du kannst dich darauf verlassen, dass er dich auf alle Fälle runterziehen wird, ganz egal, wie wunderbar deine Pläne auch sein mögen.

Pessimismus ist eine Form der Angst. Ein Pessimist hat das Problem, dass er sich nicht öffnen kann und kein Vertrauen zu sich oder zum Leben hat. Aber ganz ehrlich: Das ist nicht dein Problem, sondern seins!

SOS-Rufer

Der SOS-Rufer ist ständig in Not. Diese Menschen sind meistens im Panikmodus unterwegs. Sie erwecken den Eindruck, dass du ihnen unbedingt helfen musst – und zwar sofort! Sie rufen auch gern mal zu nachtschlafender Zeit an und klingeln dich aus dem Bett, weil sie ganz dringend einen Rat brauchen. »Bitte hilf mir doch!« Plötzlich fällt ihnen ein, dass sie ja gar kein Auto haben, weil es in der Werkstatt steht, wo sie doch gerade jetzt so dringend irgendwo hinmüssten – und sicher hast du doch gerade nichts Besseres vor. Oder es fällt ihnen wie Schuppen von den Augen, dass sie noch gar nichts für den morgigen Kindergeburtstag organisiert haben, aber da du ja so tolle Muffins backen kannst, könntest du doch …

SOS-Rufer erwecken den Eindruck, sie kriegen ihr Leben nicht auf die Reihe, und das mag auch stimmen. Allerdings ist das ihr Problem, nicht deins!

Klatschbasen

Klatschtanten und -onkels reden gern, viel und am liebsten über andere. Im Gegensatz zu Schwarzsehern oder Jammerfritzen scheinen Menschen, die ständig Gerüchte verbreiten, eher harmlos zu sein. Und mal ganz ehrlich: Findest du ein wenig Klatsch und Tratsch nicht auch ganz interessant und kurzweilig?

»Ich wette, unser Chef hat was mit der neuen Vertriebsleiterin: Die schauen sich immer so vielsagend an. Dabei könnte die ja seine Tochter sein«, »Die hat den doch nur des Geldes wegen geheiratet«, »Hast du auch schon gehört, dass der seine Steuern hinterziehen soll?« …

Es ist die Gier nach Neuigkeiten – die menschliche Neugier –, die Klatsch so interessant macht. Zeitungen, Magazine, Social Media und Fernsehsendungen leben davon, dass tief in unserem Kopf eine Zentrale für das Sammeln und Verarbeiten von Informationen sitzt. Neue Mitteilungen aufnehmen und einordnen zu können, ist ja auch eine großartige Fähigkeit unseres Geistes. Ohne sie würden wir nichts Neues lernen. Allerdings wäre es schön, wenn wir selbst wählen könnten, welche neuen Informationen wir wann bekommen wollen und welche nicht.

Unser Smartphone können wir jederzeit in den Flugmodus schalten. Die Zeitschrift legen wir weg, den Fernseher schalten wir stumm. Klatschtanten und -onkels können wir jedoch weder weglegen noch abstellen. Und darum sind diese Leute als Energieräuber durchaus ernst zu nehmen.

Wer Gerüchte streut, andere verleumdet und Unwahrheiten verbreitet, verbraucht durch das viele unnötige Geplapper nicht nur eine Menge Energie, er kann auch großen Schaden anrichten – sowohl bei den Menschen, über die er herzieht, als auch in seinem eigenen Geist.

Klatsch und Tratsch sind Ausdruck rastlosen Denkens. Im besten Fall erzeugen sie Unruhe, im schlechtesten tragen sie Misstrauen und Hass in die Welt. Wehre dich gegen diese Energieräuber, indem du ihrem Gerede kein Interesse schenkst. Oder sag ihnen ganz offen, dass du auf ihr Thema nicht einsteigen wirst. Lass dich von ihrer Negativität oder auch ihrer inneren Unruhe nicht anstecken.

Aggressive Menschen

Aggressive Zeitgenossen gehören zweifellos zu den gefährlichsten Energieräubern. Auf sie passt der Begriff »Energie-Vampire« besonders gut; denn sie können ganz schön bissig sein. »Rüpel«, »Rowdy«, »Grobian«, »Rohling« – ob es ein Zufall ist, dass es fast nur männliche Bezeichnungen für aggressive Leute gibt? Aggressoren sind in der Tat oft Männer, aber natürlich gibt es auch genug Frauen, die in die Kategorie der bösartigen Energieräuber gehören. Man findet sie im Freundes- und Verwandtenkreis, besonders oft aber im beruflichen Umfeld. Sie beherrschen die Kunst, mit kleinen, spitzen Bemerkungen deinen wunden Punkt zu treffen. Ihre Kritik ist weder konstruktiv noch produktiv, sondern zielt auf deine Person und, wenn möglich, unter die Gürtellinie. Sie sind ungeduldig, geraten leicht in Wut und werden schon auch einmal ausfallend.

Vielleicht hilft es dir im Umgang mit diesem Typ, zu wissen, dass hinter Aggressionen und böswilligem Verhalten immer eine tief sitzende Angst und Ohnmacht steckt. Allerdings bist du ja nicht der Therapeut dieser Leute, und bei allem Verständnis: Mach einen großen Bogen um sie, wann immer du kannst. Grenze dich deutlich ab, und begib dich bloß nicht in die Opferrolle; denn Schafe ziehen Wölfe an. Je gutmütiger und netter du bist, desto selbstverständlicher werden aggressive Zeitgenossen deine Grenzen missachten.

Wütend, unzufrieden, hasserfüllt oder unausgeglichen zu sein, ist wahrhaftig nichts Schönes und fühlt sich schrecklich an. Doch letztlich bist es ja nicht du, die/der sich mit diesen Stimmungen auseinandersetzen muss.

Leider wirst du solchen Leuten immer wieder begegnen, doch lass ihre Wut und Unzufriedenheit bei ihnen, befreie deinen Geist von ihrem Gift, und übe dich in Gelassenheit.

Narzissten

Narzissten sind die Selbstverliebten, die nur ein Thema kennen: ihre eigene Person. Sie erzählen von sich und ihren vermeintlichen Heldentaten, stellen ihre Bedeutsamkeit in den Vordergrund, berichten von den kleinsten, unbedeutendsten Begebenheiten in ihrer Lebensgeschichte und sind völlig empfindungslos dafür, dass sie dich zu Tode langweilen. Sie sind vielleicht die häufigsten Zeitdiebe und Energieräuber.

Hinter der Maske des unerschütterlichen Selbstbewusstseins steckt jedoch immer ein bedürftiger Mensch, der sich sehr nach Anerkennung sehnt und sich diese Anerkennung, an der es ihm mangelt, ständig selbst geben oder bei anderen, beispielsweise bei dir, holen muss.

Narzissten können eine Weile mit ihren selbstbewusst vorgetragenen Geschichten und Anekdoten unterhalten – doch meistens beginnen sie schnell zu langweilen. Dann spüren sie, dass etwas nicht stimmt, und reagieren mit noch stärkerer Selbstzentrierung und -beweihräucherung. Desinteresse an ihnen macht ihnen schwer zu schaffen, und sie sind dann schnell beleidigt.

Glücklicherweise ist das aber nicht dein Problem. Ein Problem für dich entsteht nur dann, wenn du den Zeitraub und Energiediebstahl eines passioniert Selbstverliebten widerspruchslos hinnimmst.

Kein Futter für den schwarzen Wolf

Lass Probleme los. Das ist der einzige Weg, der dauerhaft zu Leichtigkeit, Zuversicht und Gelassenheit führt. Lass deine eigenen Probleme los. Aber vor allem: Lass dich nicht von den Problemen anderer anstecken.

Probleme entstehen, wenn Angst, Ärger, Frustration, Verzweiflung oder Unruhe in deinem Geist die Herrschaft übernehmen. Indem du dich von problembeladenen Menschen abgrenzt, schützt du dich davor, dass derartig negative Zustände, in denen sie selbst stecken, auch deine Seele belasten. Sobald du dich abgrenzt, hörst du auf, den schwarzen Wolf in dir zu füttern.

Vor einigen Jahren haben wir das Buch *Füttere den weißen Wolf* geschrieben (siehe Anhang). Die zugrunde liegende Geschichte ist inzwischen sehr bekannt geworden, und es gibt viele Varianten. Gut möglich also, dass du sie schon kennst. Wenn nicht, hier ist eine Kurzfassung:

Ein kleiner Junge sitzt mit seinem Großvater am Feuer. Die Sterne strahlen, das Feuer prasselt, und beide schauen lange schweigend in die Flammen. Schließlich lächelt der Alte seinen Enkel an und erzählt ihm die Geschichte von den zwei Wölfen: »Weißt du, seit Anbeginn der Welt leben im Herzen eines jeden Menschen zwei Wölfe. Der eine ist weiß und strahlt wie die Mittagssonne, der andere ist schwarz wie die mondlose Nacht. Erbittert kämpfen beide miteinander. Der schwarze Wolf fletscht die Zähne, er droht und knurrt und beißt, er ist rachsüchtig, grausam und gierig. Der weiße Wolf aber ist klug,

sanft und liebevoll. Er liebt die Menschen und ist gütig und weise.«
Lange blickt der Junge in die Glut des erlöschenden Feuers. Schließlich fragt er leise: »Großvater, welcher der beiden Wölfe wird gewinnen?«
Der alte Mann schweigt eine Weile, dann antwortet er: »Der, den du fütterst, Junge – der, den du fütterst.«

Lass nicht zu, dass der schwarze Wolf in deinem Herzen immer dicker und stärker wird. Setz ihn auf Diät, indem du dich auf positive Gedanken und Gefühle ausrichtest. Füttere ihn nicht mit deinen Ängsten und Sorgen, aber verhindere unbedingt auch, dass Energieräuber ihn mit ihren Ängsten und Sorgen bei dir füttern. Stell für alle gut sichtbar ein Schild vor das Gehege, in dem der schwarze Wolf lebt: »Füttern verboten!«

Ob du unglücklich oder glücklich bist, ob du ängstlich und voller Sorgen oder vertrauensvoll und gelassen bist, ob du nachts schlaflos im Bett liegst und düstere Gedanken wälzt oder so selig wie ein Murmeltier schläfst – das alles ist kein Zufall. Es hängt zu einem beachtlichen Teil davon ab, welchen Wolf du in deinem Herzen fütterst.

Innerer Frieden, Lebensfreude und Heiterkeit entstehen nicht aus dem Nichts. Hoffe nicht darauf, dass sie dir in den Schoß fallen. Entscheide dich lieber bewusst dafür, diese Kräfte, die in dir schlummern, gezielt zu entwickeln. Natürlich gibt es verschiedene Charaktere, und natürlich haben auch die Gene ein Wörtchen mitzureden. Bis zu einem gewissen Grad bestimmt deine Veranlagung über deinen Gemütszustand. Das hilft dir nur leider nicht weiter. Was dir hingegen wirklich weiterhilft, ist, zu verstehen, dass du jederzeit die Wahl hast. Wählst du Dunkelheit oder Licht? Angst oder Liebe?

Vielleicht leidest du unter Ängsten und machst dir viele Sorgen. Oder du neigst zur Unruhe und Nervosität. Möglicherweise hast du aber auch mit depressiven Zuständen zu kämpfen oder fühlst dich unsicher und schwach, was ein Grund dafür sein könnte, dass es dir sehr schwerfällt, dir die Probleme anderer Leute vom Hals zu halten. Ohne es zu wissen, hast du den schwarzen Wolf in dir gefüttert; denn hättest du das nicht regelmäßig getan, dann hättest du diese Schwierigkeiten nicht. Das heißt nun aber ganz und gar nicht, dass du an negativen Zuständen »schuld« wärest. Es heißt lediglich, dass du *noch nicht* bewusst gewählt hast. Du hast dich noch nicht dafür entschieden, deine Aufmerksamkeit gezielt zu lenken, um den weißen Wolf in dir zu füttern.

Über kurz oder lang wird der Wolf der stärkere sein, dem du deine Aufmerksamkeit öfter schenkst, denn deine Energie fließt immer genau dahin, wohin du deinen Fokus lenkst.

Indem du deinen Fokus bewusst ausrichtest, veränderst du deine Haltung. Und indem sich deine Haltung ändert, durchbrichst du alte Gedanken- und Gefühlsmuster und löschst Glaubenssätze, die dich immer wieder in die Negativspirale ziehen.

Erinnere dich an die Energieräuber-Typen. Diese Menschen, die ständig jammern, Gerüchte in die Welt setzen, schwarzsehen und »katastrophisieren« oder sich rücksichtslos und aggressiv verhalten, wollen, dass du ihnen deine Aufmerksamkeit schenkst, dass du ihnen zuhörst. Genau das aber solltest du lassen. Durch ihre Ängste, ihre Unzufriedenheit und Unbewusstheit füttern sie sonst nicht nur ihren eigenen, sondern auch deinen schwarzen Wolf.

Solange du noch nicht gegen negative Ausstrahlung immun bist, besteht die einfachste Methode, dich zu schützen, darin, dass du anstrengenden, unangenehmen und rücksichtslosen Menschen aus dem Weg gehst.

Je öfter du es in deinem Alltag mit Energieräubern zu tun hast, desto wichtiger ist es, den weißen Wolf in deinem Herzen zu füttern. Bring mehr Ruhe und Gelassenheit in dein Leben. Willenskraft hilft dir dabei allerdings nicht weiter: Nur durch einen sanften, achtsamen Umgang mit dir selbst kannst du langfristig positive Veränderungen bewirken.

Werde zur Magierin, werde zum Zauberer. Verzaubere dein Denken und Fühlen, indem du dich auf Freude, Dankbarkeit und Mitgefühl ausrichtest. Nimm bewusst eine Haltung ein, die dich vor deinen eigenen düsteren Gedanken und Gefühlen ebenso schützt wie vor denen der Energieräuber, mit denen du es zu tun hast.

Vom richtigen Umgang mit Problemmüll

Wenn wir im Folgenden von »Problemmüll« sprechen, meinen wir damit den seelischen Abfall, mit dem Energieräuber dich belasten – all die Leute, die ständig bemitleidet oder getröstet werden wollen, die Gerüchteköche und -köchinnen, die Jammerer, Miesmacher und Schwarzseherinnen. Diese Menschen missachten deine Grenzen – und je empathischer und sensibler du bist, desto mehr Energie werden sie dir rauben wollen.

Wenn ein Mensch, den du liebst, einen Unfall hatte, dein Freund vor dem finanziellen Ruin steht, dein Kind in der Schule gemobbt wird oder wenn du mit dem Leiden der Menschen, die in Kriegsgebieten leben, konfrontiert wirst, ist das etwas ganz anderes. Selbstverständlich ist das kein »Problemmüll«. Wie du auf achtsame und mitfühlende Weise damit umgehen kannst, wirst du später noch erfahren. Zunächst aber soll es jetzt um die viel harmloseren, wenngleich oft sehr nervigen Problemmüll-Erzeuger*innen gehen.

Wer ist schuld?

Schuld an der Müllproduktion ist im Grunde niemand. Schuld kann ja nur haben, wer in böser Absicht handelt; und das tun Energieräuber in der Regel nicht. Auch wenn sie rücksichtslos auftreten, deine Grenzen überschreiten und dich ausnützen wollen – letztlich sind sie selbst ja auch nur auf der Suche nach Glück. Finden werden sie es so natürlich nicht, denn Energieräuber leben in einem Zustand des Mangels. Sie betteln um Aufmerksamkeit, um Anerkennung, um Liebe. Zweifellos gibt es gute Gründe dafür, warum sie sich rücksichtslos oder übergriffig verhalten. Vielleicht haben sie negative Erfahrungen gemacht, wurden als Kinder nicht ernst genommen … Wer weiß das schon? Es ist aber zum Glück nicht dein Job, herauszufinden, warum sich manche Menschen egoistisch verhalten, andere manipulieren wollen oder übertrieben anhänglich sind. Für so etwas gibt es schließlich Therapeuten.

Wem es selbst nicht gut geht, der kann die Bedürfnisse anderer Menschen nicht mehr richtig wahrnehmen. Wenn du dir das wirklich einmal bewusst machst, wird es dir leichter fallen, loszulassen und gelassen zu bleiben. Doch bei allem Verständnis: Vergiss nicht, dass Jammerer, Besserwisser, Pessimisten oder Streitsüchtige eben nun mal eine Menge Problemmüll erzeugen. Und wenn du nicht auf-

Du bist weder Müllhalde noch Kummerkasten oder Klagemauer. Bleib freundlich, bleib mitfühlend, aber vor allem: Bleib achtsam für deine eigenen Bedürfnisse. Übernimm die Verantwortung für dein eigenes Glück – das ist mehr als genug.

passt, wird das ganze Zeug vor deiner seelischen Haustür landen.

Energieräuber spüren, ob sie dich ausnutzen und manipulieren können oder nicht. Gerade wenn du hochsensibel bist und jeden vermeintlich in Not geratenen Menschen »retten« willst, verwandelst du dich schneller, als dir lieb ist, in einen großen Kummerkasten. Und in einem solchen Kasten sind dann eben auch nur Kummer, Sorgen und Leid.

Das Problem mit der vorauseilenden Anpassung

Auch wenn's uns nicht bewusst ist: Oft sind wir mitverantwortlich dafür, wenn andere uns als Klagemauer missbrauchen und meinen, sich bei uns auskotzen zu können.

Falls du Schwierigkeiten hast, dich anderen gegenüber zu behaupten, kann es dafür einen einfachen Grund geben. Er heißt »vorauseilende Anpassung«. Das bedeutet, dass du Energieräubern unbewusst erlaubst, ja, sie geradezu einlädst, dir deine Zeit zu stehlen, und zwar schon *bevor* du sie triffst. Ganz egal, ob es um deinen nörgelnden Chef, einen anstrengenden Freund oder den grimmig dreinschauenden Typen am Fahrkartenschalter geht: Wenn du mit gestreckten Waffen und hängenden Schultern in die Schlacht ziehst, ist schon von vornherein klar, wer diese Begegnung dominieren wird.

Ein Hund, der einem anderen mit eingezogenem Schwanz begegnet, passt sich vorauseilend an und signalisiert Unterwürfigkeit. Nun bist du natürlich kein Hund,

Wappne dich gut, bevor du Menschen triffst, die versuchen werden, dich als Müllschlucker für ihre Probleme zu missbrauchen. Sammle deine Kräfte. Zentriere dich. Mach dir bewusst, was dir wichtig ist und wo deine Grenzen sind. Steig nicht unvorbereitet in den Ring, wenn du dich mit Energieräubern triffst.

aber wenn du in gebeugter Haltung, mit verspannten Schultern und einem aufgesetzten Lächeln alles abnickst, was ein Energieräuber von sich gibt, hast du ihm unbewusst Tür und Tor geöffnet. Dann hast du dich überangepasst verhalten.

Die einzige Möglichkeit, um dieser Falle zu entkommen, besteht darin, dass du deine Grenze zeigst. Aber damit das klappt, musst du dir schon im *Vorfeld* bewusst sein, was du willst und was du nicht dulden wirst.

Vertraue deinen Gefühlen

Finde heraus, was du wirklich willst. Finde heraus, was du zu akzeptieren bereit bist und was nicht. Frag dich selbst, mit welchen Menschen du dich gern umgeben und welche du lieber nicht treffen möchtest.

Es ist dein Leben, es ist deine Zeit – lass es auch deine Entscheidung sein.

Wie kannst du wissen, ob andere dir guttun oder schlecht für dich sind? Ob sie dir helfen, dich freier und leichter zu fühlen, oder ob sie dich mit ihren negativen Gedanken, ihren Problemen und ihrer schlechten Ausstrahlung belasten? Ganz einfach: Achte auf deine Gefühle! Hör auf deinen Bauch! Der Kopf kann sich irren. Aber wenn du spürst, dass dein Bauch sich verkrampft, kannst du sicher sein, dass du in die falsche Gesellschaft geraten bist.

Ein weiser Umgang mit Problemmüll setzt voraus, dass du überhaupt einmal bemerkst, wann Themen und Probleme an dich herangetragen werden, die bei dir nichts verloren haben. Und das kannst du nur merken, wenn du es auch fühlst. Beobachte deine Gefühle darum sehr achtsam. Beobachte deine Reaktionen und auch deinen Körper.

Manche Menschen spüren sofort, wenn andere sie runterziehen oder ihnen die Kräfte rauben. Viele von uns merken es aber leider erst im Nachhinein. Falls du deine Gefühle nicht deutlich genug fühlst, wäre es gut, wenn du dir ein paar Fragen stellst, denn Selbstbefragung ist eine einfache Methode, deine Selbstwahrnehmung zu verbessern:

- Wann genau spürst du, dass du keine Lust hast, dich um Probleme anderer zu kümmern? Schon im Vorfeld, bevor du andere triffst? Während eines Gesprächs oder einer Begegnung? Oder erst danach, wenn es schon »zu spät« ist?
- Wie fühlst du dich, nachdem du jemanden getroffen hast, der dir zu nah gekommen ist und deinen persönlichen Raum missachtet hat? Verärgert und wütend? Energielos und niedergeschlagen? Unruhig und gereizt?
- Denk einmal an belastende Gespräche mit Energieräubern zurück: Wie hat es sich angefühlt, wenn es dir gelungen ist, dich abzugrenzen und Nein zu sagen? Oder wie war es, wenn du brav zugehört hast, obwohl sich alles in dir gesträubt hat?

- Welche Signale sendet dir dein Körper, wenn jemand dir deine Energie raubt? Stockt dein Atem? Verkrampft sich dein Bauch? Kriegst du Kopfschmerzen?
- Hast du das Gefühl, dass du den Kontakt zu bestimmten Leuten reduzieren oder ganz abbrechen solltest?

Wenn du mit den Problemen anderer Menschen ein Problem hast, ist es oft hilfreich, eine Freundin oder einen guten Freund um Rat zu fragen. Eine dritte Person hat mehr Abstand und hilft dir, eine neue Sicht und mehr Klarheit zu gewinnen.

Kein Applaus für den Klagegesang und keine falschen Signale senden

Wie kannst du es anderen verständlich machen, dass du nicht die richtige Anlaufstelle für ihre negativen Gedanken und Stimmungen bist und keine Lust hast, dir die Ohren volljammern zu lassen? Zeig ihnen, dass sie sich bitte selbst um ihre Probleme kümmern sollen. Entweder ganz direkt mit Worten, auf jeden Fall aber mit deinem Verhalten.

Es gibt zwei effektive Möglichkeiten, dich in Gegenwart von Energieräubern zu schützen, Achtsamkeit und Fokus:

- Indem du *achtsam* bist, vermeidest du es, dich immer wieder automatisch in Nettigkeitsmustern zu verstricken.
- Indem du deinen *Fokus* klar ausrichtest, verhinderst du, dass du Energieräubern zum Opfer fällst und sie

unbewusst bei ihrem Raubzug unterstützt.

Verstärke niemals negative Energien, indem du sie nährst. Bestätige andere nicht darin, ihre inneren Dramen auszuwalzen. Lass destruktive Gedanken von Anfang an ins Leere laufen. Entziehe dich. Und wenn das im Außen nicht möglich ist, weil du zum Beispiel nicht einfach weglaufen kannst, dann entziehe dich innerlich. Spende dem Klagegesang keinen Applaus. Vermeide Verstärker wie Nicken oder »Ja-stimmt«-Sagen. Lass dir keine Bleigewichte in den Rucksack packen. Lass nicht zu, dass deine Gedanken und Stimmungen von anderen gelenkt werden. Übernimm selbst die Kontrolle.

Wenn du auf dem Fahrrad sitzt und merkst, dass du in die falsche Richtung fährst, hörst du auf, in die Pedale zu treten. Du lässt das Rad auslaufen, und wenn du die Sache abkürzen willst, greifst du kräftig in die Bremsen. Aber wo ist die Bremse bei Menschen, die dich mit ihren Problemchen und Problemen auf Abwege bringen und »infizieren«? So einfach wie beim Fahrradfahren ist es da ja leider nicht. Es funktioniert aber trotzdem: Das Wichtigste ist, nicht weiter in die Pedale zu treten.

Hör auf, die falschen Signale zu senden. Und wenn möglich, greife mit aller Kraft in die Bremse. Dabei besteht die Kunst allerdings darin, das richtige Verhältnis zwischen Freundlichkeit und Entschiedenheit auszuloten. Reicht eine kleine Andeutung? Oder braucht es sehr direkte Worte? Wie fest musst du in die Bremse greifen? Das kommt immer auf dein Gegenüber an.

Sei kein Resonanzkörper für Jammersusen, Miesepeter, Pessimisten und Narzissten – biete ihnen keinen Raum, in dem sie sich ausbreiten können. Halte deinen inneren Raum frei und unbelastet.

Vielleicht genügt es ja, wenn du sagst: »Ich verstehe, was du meinst, aber ich kann leider nichts dazu beitragen.« Möglicherweise musst du es aber etwas härter formulieren: »Ich werde das nicht für dich lösen können, weil nur du allein das kannst.« Oder: »Ich habe mir vorgenommen, mit dem Jammern (Tratschen/Klagen/Sorgenmachen/Grübeln) aufzuhören, und möchte darum nicht auf dieses Thema eingehen, sorry.«

So etwas zu sagen, kostet natürlich Mut, und es geht vielleicht auch nicht immer und überall. Aber wenn du es mal aussprichst, wirst du staunen, wie offen viele Leute für so ein Stoppschild sind – vielleicht sind sie sogar insgeheim dankbar dafür, dass endlich mal jemand kommt, der ihrer negativen Energie etwas entgegensetzt. Sie leiden ja in der Regel selbst darunter.

Es gibt ein paar Dinge, die du auf keinen Fall tun solltest, wenn du dich abgrenzen und bei dir bleiben willst:

- Rechtfertige dich nicht.
- Benutze keine Ausreden.
- Frag nicht nach.
- Lass dich nicht auf lange Diskussionen ein.
- Versuch nicht, deine Gefühle zu begründen.
- Fang nicht an, zu viel und zu schnell zu reden. Im Zweifelsfall ist Schweigen immer die bessere Wahl.

Worte sind nur eine von vielen Möglichkeiten zu kommunizieren. Auch dein Körper und deine Mimik senden Signale, und manchmal sagen sie sogar mehr als tausend Worte:

- Achte auf eine aufrechte Körperhaltung. Lass dich nicht hängen, und zieh nicht den Kopf ein. Sei kein Sklave, sei eine Kriegerin oder ein Krieger.

- Halte deinen Körper ruhig. Zapple nicht nervös herum, und lass auch deine Hände und Finger ruhen.
- Indem du die Arme verschränkst, signalisierst du ein klares Nein.
- Du kannst die Abwehrhaltung verstärken, indem du aufhörst, die ganze Zeit zu lächeln. Servicekräfte, die in ihrem Job dauernd lächeln müssen, haben ein hohes Burn-out-Risiko. Lächeln kann zu einer Maske werden, mit der wir nicht nur den anderen, sondern auch uns selbst täuschen.
- Verstärke das Verhalten nicht durch Nicken oder zustimmende Blicke.
- Halt den Blickkontakt aufrecht. Durch einen aufmerksamen, aber neutralen Gesichtsausdruck zeigst du, dass du zuhörst, ohne dich vom anderen einlullen oder manipulieren zu lassen.

Prinzipiell kannst du auch durch Gesten dazu beitragen, dich besser abzugrenzen. Beispielsweise kannst du mit der nach vorn gewandten Handfläche »Stopp!« signalisieren oder die Fingerspitzen zu einer »Igelhaltung« zusammenlegen, bei der die Finger gestreckt und die Fingerkuppen beider Hände aneinandergelegt sind – doch all das kann schnell künstlich wirken, wenn du es nicht öfter vor dem Spiegel geübt hast.

Wir müssen natürlich nicht erst Schauspielunterricht nehmen, um uns lästige Menschen vom Leib zu halten. Eines aber können wir durch Schauspielern trotzdem lernen: Damit unsere Message beim anderen ankommt, müssen wir oft mächtig übertreiben. Subtile Signale werden vom Gegenüber regelmäßig übersehen und zwar erst recht, wenn es ein Energieräuber ist.

PRAXIS

ACHTSAM ABGRENZEN IN VIER SCHRITTEN

Die Methode, die wir dir jetzt zeigen werden, besteht aus vier einfachen Schritten.

Im ersten Teil der Übung geht es um Achtsamkeit. Wenn du achtsam bist, ist das der beste Schutz gegen negative Energien. Durch Achtsamkeit entwickelst du feinere Antennen und beginnst, klarer zu sehen, was während einer Begegnung eigentlich genau abläuft. Gleichzeitig gewinnst du etwas Abstand – du machst einen Schritt zurück und schaust dir deine Begegnung mit Energieräubern aus sicherer Entfernung an.

Im zweiten Teil der Übung setzt du deinen Fokus ein, um dich abzugrenzen und dich auf das Positive auszurichten. Die Methode ist an sich einfach, es braucht nur etwas Übung. Gib daher nicht zu schnell auf. Probier es immer wieder aus – mit unterschiedlichen Menschen und in unterschiedlichen Situationen.

Schritt 1: Wahrnehmen

Erkenne eine Grenzüberschreitung in dem Augenblick, in dem sie stattfindet. Natürlich kannst du auch im Nachhinein über Situationen nachdenken, in denen jemand dich als Zuhörer benutzt hat, obwohl du weder Zeit noch Lust hattest, auf das

Gespräch einzusteigen. Die Stärke der Achtsamkeit besteht aber darin, wahrzunehmen, was *im Moment* passiert – nicht erst dann, wenn es zu spät ist, sondern im Hier und Jetzt. Achtsamkeit ermöglicht es dir sozusagen, live dabei zu sein, statt dir eine Aufzeichnung anzuschauen.

Du kannst erkennen, ob dir etwas gegen den Strich geht, indem du deine Achtsamkeit auf die Signale lenkst, die deine Gefühle und dein Körper dir senden. Diese Signale müssen nicht spektakulär sein. Vielleicht nimmst du nur eine kleine Anspannung in deinem Bauch oder eine leichte Ungeduld wahr, oder du bemerkst, dass du dich in deiner Haut nicht richtig wohlfühlst.

Wahrnehmen heißt, dass du ein Aha-Erlebnis hast: »Aha, hier passiert gerade etwas, was sich für mich nicht gut anfühlt!« Oder: »Aha, ich höre ihm zu, obwohl mich das gar nicht interessiert – oder mich sogar anstrengt.«

Bewerte deine Beobachtungen nicht. Richte einfach nur die Achtsamkeit auf dich selbst, und lausche, was deine Gedanken, Gefühle oder Körperempfindungen dir sagen wollen.

Schritt 2: Benennen

Dieser Schritt hilft dir, einerseits mehr Klarheit, andererseits aber auch mehr Abstand zu gewinnen. Versuche, einen Begriff dafür zu finden, womit dein Gegenüber dich gerade konfrontiert. Vielleicht passt ja »Jammern«. Eventuell geht es aber auch um etwas anderes. Möglich sind zum Beispiel Begriffe wie »Klagen«, »Schwarzsehen«, »Betteln«, »Lästern«, »Aggressionen« oder »Selbstmitleid« und so weiter. Wenn du es nicht so eindeutig fassen kannst, dann benutze einfach »negative Energien«, um zu benennen, was du während des Treffens gerade erkennst. Sag dir dann innerlich: »Aha, Lästern«, »Aha, Klagen« – oder was es eben gerade am besten trifft.

Auch in diesem zweiten Schritt solltest du das Wahrgenommene nicht bewerten: Achtsam zu sein, heißt, die Dinge so zu sehen, wie sie sind, mehr nicht.

Schritt 3: Entsagen

Klingt das Wort für dich nach Kloster? Oder nach Alkoholentzug? Entsagen heißt aber nichts anderes, als dass du nicht in die Geschichte einsteigst. Du hast keine Lust, deine Energien zu verschwenden, somit entziehst du dich.

Du sagst: »Stopp, das reicht.« Und wenn du keine Lust auf Konfrontation hast, dann sagst du dir das eben einfach nur innerlich. Dieser Schritt bereitet dich auf den letzten vor.

Schritt 4: Umlenken

Wenn kleine Kinder sich den Kopf angehauen haben, ihren Teddy nicht finden, unbedingt Schokolade wollen oder aus sonstigen Gründen in Geschrei ausbrechen, hilfst du ihnen oft am besten dadurch, dass du ihre Aufmerksamkeit sofort auf etwas anderes lenkst, zum Beispiel auf das Eichhörnchen im Garten: »Guck mal da!«

Bei Erwachsenen funktioniert das nicht mehr ganz so leicht. Obwohl: Letztlich ist es ja immer unser Fokus, der bestimmt, was wir denken und welche Gefühle wir nähren. Genau darum geht es ja auch in der Geschichte mit den zwei Wölfen (siehe den Abschnitt »Kein Futter für den schwarzen Wolf«).

»Umlenken« heißt, dass du das Gespräch in eine andere Richtung führst. Du veränderst den Fokus, indem du das Thema wechselst. Du unterbrichst den Energieräuber in seinen negativen Ausführungen, indem du zum Beispiel sagst: »Ja, ja, schon klar – aber hab ich dir schon erzählt, dass …« Und dann schwenkst du auf ein schönes Erlebnis oder eine erfreuliche Tatsache um, Hauptsache auf etwas, was in eine positive Richtung geht.

Möglich, dass dein Gesprächspartner sich über den abrupten Themenwechsel wundert, doch wichtiger ist, dass du seine düsteren Gedanken durchbrichst.

Und wenn sie oder er doch wieder ins Jammern, Schimpfen oder Monologisieren verfällt, dann ist das vielleicht der richtige Moment, um den Kontakt fürs Erste abzubrechen und so zumindest deinen eigenen Fokus auf Angenehmeres zu lenken.

Mach die Probleme der Welt nicht zu deinen

In den USA gibt es einen kuriosen Feiertag: den »No News is Good News Day«. Er fällt bezeichnenderweise auf den 11. September und lädt dazu ein, sich einen Tag lang dem medialen Dauerbombardement zu entziehen. Die guten alten Zeiten, in denen unsere Großeltern beim Frühstücksei höchstens noch gemütlich ihre Tageszeitung gelesen und ihren Geist ansonsten nicht weiter mit Schreckensmeldungen belastet haben, ist lange vorbei. »Dank« Internet und Smartphone können wir heute von früh bis spät Nachrichten aus aller Welt konsumieren. Und der Strom an Horrormeldungen reißt nicht ab.

Keine Nachrichten sind gute Nachrichten.

Ob Pandemien, Kriege, Umweltkatastrophen oder Wirtschaftskrisen: Was mehr oder weniger seriöse Nachrichtenportale uns da so alles in Form von »Breaking News« servieren, ist nicht leicht zu verdauen.

Häufiger Nachrichtenkonsum erweckt den Eindruck, unsere Welt bestünde nur aus Problemen. Doch dieser Eindruck ist falsch. Tatsächlich geschehen tagtäglich auf der ganzen Welt viel mehr gute als schlechte Dinge. Weder Hilfsbereitschaft noch Nächstenliebe, Gerechtigkeitsempfinden oder Freundlichkeit sind vom Aussterben bedroht.

Dumm ist nur, dass sich gute Nachrichten nicht verkaufen. Immer wieder einmal haben ein paar Optimisten versucht, erfreuliche Nachrichten unters Volk zu bringen, und immer wieder hat sich kaum jemand dafür interessiert.

Nachrichten konfrontieren dich unablässig mit Problemen, die jeden Tag überall auf der Erde entstehen. Diese Probleme sind nicht deine! Wenn du ihnen erlaubst, dein Denken und Fühlen zu vergiften, können sie es aber sehr schnell werden. Achte gut darauf, was du »zu dir nimmst«, denn es wird zu einem Teil von dir. Schreckensmeldungen wirken auf deine Seele wie Junkfood auf deinen Körper: Sie bringen dich aus dem Gleichgewicht, und früher oder später machen sie dich krank.

Der Kick, den gruselige Nachrichten in unserem Gehirn erzeugen, ist stark, und die Lust nach mehr ist groß. Thriller verkaufen sich bestens, Horrorfilme sind gut besucht. Ein Buch ist allerdings nach rund 300 Seiten zu Ende, ein Film dauert selten länger als zwei Stunden. Im Gegensatz dazu können wir uns der Allgegenwärtigkeit schlechter Nachrichten nicht so leicht entziehen. Durchschnittlich nimmt ein Erwachsener heute zwischen 10000 und

20 000 Nachrichten im Jahr auf – und die meisten davon sind deprimierend.

Viele haben heute die Nase von den ewig gleichen und ewig schlechten Nachrichten voll. Sie haben keine Lust mehr, sich täglich mit den weltweiten Katastrophen und Krisen zu befassen.

Vielleicht geht es dir auch so, dass schlechte Nachrichten dich belasten: Du schläfst schlechter, wenn du dir abends im Bett noch die neuesten Meldungen des Tages auf deinem Smartphone ansiehst, und die vielen Informationen erzeugen Sorgen, die du dir nicht machen würdest, hättest du stattdessen zu einem guten Buch gegriffen.

Bring deinen Geist zur Ruhe, indem du dich von den Problemen aus aller Welt abgrenzt. Schütze dich vor der endlosen Informationsflut aus Zeitungen, TV, Radio und Newsportalen. »Digital Detox« und »Nachrichtenfasten« sind wirkungsvolle Methoden, um sich dem medialen Dauerbeschuss zu entziehen und sich selbst wieder besser zu spüren.

Wenn du Nachrichten einfach nur spannend, unterhaltsam und deinen Horizont erweiternd findest, ist das kein Problem. Wenn die Berichte und Reportagen bei dir zum einen Ohr rein- und zum anderen wieder rausgehen, belastet dich das auch nicht. Falls die unangenehmen Gefühle aber irgendwo zwischen den Ohren hängen bleiben, verursachen sie Stress.

Nachrichtenkonsum schürt nachweislich Ängste und Depressionen. Und auch die Zunahme an psychischen Problemen, Realitätsverlust, Verschwörungsdenken und die Neigung zu Gewalttätigkeit in der Gesellschaft hängen mutmaßlich mit einem ansteigenden Medien- und insbesondere Nachrichtenkonsum zusammen.

»Wie bitte? Soll ich etwa ohne Nachrichten leben? Bin ich als informierter, mündiger Bürger nicht dazu verpflichtet zu wissen, was auf der Welt passiert? Ich muss doch wohl erfahren, wenn Diktatoren ihr Volk unterdrücken, Überschwemmungen ganze Landstriche unter Wasser setzen oder Großbanken vor der Pleite stehen …«

Musst du das wirklich? Gehören die Nachrichten wirklich so zwingend zu deinem Leben wie das Frühstück?

Mal ehrlich: Welche Nachricht der letzten zwölf Monate hat dein Verhalten nachhaltig verändert? Hast du eine Petition ins Leben gerufen, dich ehrenamtlich engagiert, oder bist du mit einem Hilfskonvoi in ein Kriegsgebiet gefahren? Was von all dem, was dir täglich zu Ohren kommt, liegt überhaupt in deinem Einflussbereich?

Die wirklich wichtigen Dinge, die dich unmittelbar betreffen, werden dir ohnehin nicht entgehen. Wenn Hacker das Stromnetz in deiner Stadt lahmgelegt haben, wirst du es sowieso erfahren. Wenn du zur Bundeskanzlerin oder zum Bundeskanzler gewählt wirst, zweifellos auch.

PRAXIS/REFLEXION

SIEBEN GUTE GRÜNDE, AUF NACHRICHTEN ZU VERZICHTEN

Eine Weile auf sämtliche Nachrichten zu verzichten ist ein interessantes Experiment. Bewusster Verzicht – ob auf Alkohol, Zucker oder Nachrichten – schützt uns vor vielen Problemen. Falls du dich darauf einlässt, wirst du dich wundern, was sich dadurch alles verändert. Wenn du aber nicht auf Nachrichten verzichten willst oder kannst, dann beachte wenigstens ein paar Maßnahmen.

Suche nach Informationen, die gut recherchiert und möglichst objektiv sind und verschiedene Perspektiven beleuchten, statt einseitig Stellung zu beziehen. Sei dir aber im Klaren darüber, dass Medien uns immer eine selektiv gefärbte Welt präsentieren. Selbst eine noch so seriöse Berichterstattung filtert die Wirklichkeit. Die Nachrichten in China widersprechen völlig denen, die in den USA ausgestrahlt werden. Wer hat recht? Frag mal einen Chinesen, und dann frag einen Amerikaner …

Du wirst sehen, dass »Wahrheit« ein sehr dehnbarer Begriff sein kann. Wenn aber zusätzlich noch Fake News verbreitet werden, musst du aufpassen, dass du dich nicht mehr und mehr von der Wirklichkeit entfernst und dich in einer medialen Welt verlierst, die Ängste, Wut oder Hoffnungslosigkeit in dir schürt.

Hier sind sieben gute Gründe dafür, warum es sehr heilsam sein kann, sich zumindest eine Zeit lang von den Problemen der Welt abzugrenzen:

1. Nachrichten zu hören, Artikel zu lesen oder Berichte zu verfolgen, *all das kostet dich viel wertvolle Zeit*, die du mit schöneren Aktivitäten verbringen kannst.
2. *Das Meiste von dem, was Nachrichtensender ausstrahlen, ist nicht von Bedeutung:* Es ist zweifellos tragisch, wenn ein Erdbeben Japan erschüttert, und empörend, wenn ein machthungriger Politiker sich über Recht und Gesetz stellt. Aber falls du nicht gerade in Japan oder im Land des besagten Politikers lebst, haben diese Nachrichten in der Regel keine unmittelbaren Auswirkungen auf dein reales Leben hier und heute.

3. *Nachrichten erzeugen seelische Verdauungsprobleme:* Wenn du ständig Breaking News konsumierst, ist das, als würdest du dauernd Süßigkeiten essen: Ein »reizender« Kick jagt den nächsten. Davon kannst du schnell süchtig werden. Vor allem aber musst du die ganzen Nachrichten ja auch verdauen, denn jede von ihnen hat eine Wirkung – auf dein Denken, deine Sichtweise und dein Lebensgefühl.
4. *Nachrichten verderben dir die Laune, und sie wecken Ängste:* Studien zeigen, dass Menschen sehr viel stärker auf schlechte Nachrichten reagieren als auf gute. Wenn Informationen über Waldbrände, Wirtschaftskrisen, Kriege, Atommüll, zerstörte Wälder, vergiftete Flüsse oder korrupte Politiker zu deinem täglich Brot gehören, ist es kein Wunder, wenn es dir immer schlechter geht. All diese Probleme sind fremde Probleme, doch mit dem Smartphone in der Hand oder dem Bildschirm vor der Nase kommen sie dir gefährlich nahe.
5. *Nachrichten stumpfen uns ab:* So entsetzlich manche von ihnen sind – da sie sich Tag für Tag und Jahr für Jahr in nur kleinen Variationen wiederholen, beginnen wir irgendwann, uns selbst zu schützen. Unbewusst tun wir das, indem wir uns immer weniger von Horrormeldungen berühren lassen. Mit der Zeit macht Nachrichtenkonsum uns deshalb unsensibel.
6. *Nachrichten verursachen ein Gefühl der Ohnmacht:* Es ist einfach zu viel, was da täglich auf uns einströmt. Wenn du erkennst, dass du keinerlei Einfluss auf die Ereignisse in der Welt hast, lähmt dich das. Nachrichten lenken deinen Blick ständig auf Ereignisse und Zustände, denen du machtlos gegenüberstehst. Und das ist sehr frustrierend.

7. *Nachrichten können den Geist verwirren:* Sie verzerren unseren klaren Blick. Global gesehen gibt es mehreren Quellen zufolge im 21. Jahrhundert bisher weniger Kriege und weniger Armut als noch vor einigen Jahrzehnten beziehungsweise Jahrhunderten. Trotzdem haben wir das Gefühl, das Gegenteil sei der Fall. Vor allem da ein Krieg, während wir diese Zeilen schreiben, wieder auf europäischem Boden stattfindet, damit in größere Nähe gerückt ist und für viele auch hierzulande negative Folgen hat, selbst wenn es »nur« wirtschaftliche sein sollten und sie oder ihre Angehörigen sowie Freunde ansonsten nicht direkt betroffen sind. Wir glauben, dass ständig Flugzeuge abstürzen, weil jeder Flugzeugabsturz tagelang in den Medien thematisiert wird – Tatsache ist aber zum Beispiel, dass Autofahren viel gefährlicher ist. Über hundertmal gefährlicher, wie die Statistik zeigt. Dramatische Nachrichten verkaufen sich bekanntlich gut, und so sind Journalist*innen gezwungen, möglichst viel Spektakuläres zu berichten. Das Spektakuläre ist aber nicht die ganze Wirklichkeit. Unsere Welt ist nur halb so gefährlich, wie es in den Medien, insbesondere in den sogenannten »sozialen«, dargestellt wird. Wenn du dich zu sehr in die selektiv zugespitzte Realität, die Medien vermitteln, hineinziehen lässt, verlierst du das Vertrauen zu deinen eigenen Erfahrungen und letztlich zu dir selbst.

Deine Aufmerksamkeit ist das Wichtigste, was du hast. Überleg dir gut, worauf du sie richten willst.

PRAXIS

DIE NACHRICHTENDIÄT

Ob es um die Probleme anderer Menschen oder um die zahllosen Probleme auf unserem Planeten geht, wie sie täglich in den Medien wiedergekäut werden – letztlich hast du immer die Wahl. Willst du dich dem Ganzen wirklich aussetzen? Oder tut es dir besser, dich zu schützen? Willst du deine Zeit nicht lieber für andere Aktivitäten nutzen – zum Beispiel dafür, deine Träume Wirklichkeit werden zu lassen?

Im Folgenden wollen wir dir eine kleine Nachrichtendiät vorschlagen. Damit kannst du zwar nicht abnehmen, aber viel Ruhe und Klarheit in dein Leben bringen. Eine Weile auf Nachrichten zu verzichten, ermöglicht es dir, deine Aufmerksamkeit von außen nach innen, vom Unwesentlichen auf das Wesentliche zu lenken.

Wenn du die Nachrichtendiät ausprobieren willst, dann triff zunächst eine klare Entscheidung, dich auf dieses vierwöchige Experiment einzulassen. Keine Angst: Du wirst dadurch nicht viel verpassen, die Welt wird sich auf alle Fälle weiterdrehen. Doch die Erfahrungen, die du in den vier Wochen machst, werden dir helfen, in Zukunft achtsamer und bewusster mit Informationen aus den Medien umzugehen.

Woche 1

- Wähle in dieser Woche sehr gründlich aus, welche Informationen dir wirklich wichtig sind, und achte darauf, diese Informationen nur aus seriösen Quellen zu beziehen.

- Lies nur einmal am Tag die Nachrichten – ob in der Zeitung oder im Internet. Versuche dabei, alles Unwesentliche zu überspringen.
- Konzentriere dich. Wenn du Artikel, Berichte oder Reportagen liest, dann tu währenddessen nichts anderes. Hör nicht nebenbei die Nachrichten im Auto, surfe nicht durch News-Portale, während du beim Essen sitzt, und verzichte darauf, die gleichen Nachrichten auf verschiedenen Kanälen immer wieder zu konsumieren.
- Setz dir ein Zeitlimit. Ob du Nachrichten schaust, Podcast hörst oder Zeitung liest, leg vorher fest, ob du dir dafür zehn, zwanzig oder dreißig Minuten Zeit nehmen willst. Halte den Rahmen dann strikt ein.
- Mach einen Bogen um Leute, die heiße Diskussionen zu weltpolitischen Themen führen. Ganz gleich, ob in der Familie, unter Freunden oder im Büro – enthalte dich, behalte deine Meinung für dich, steig nicht in die Debatten ein.

Woche 2

- Verzichte diese Woche ganz auf Nachrichten, mit einer Ausnahme: Besorg dir eine Wochenzeitung. Das genügt, um dir einen Überblick zu verschaffen, was auf der Welt los ist. Außerdem können Wochenzeitungen Themen ausführlicher behandeln, und sie bieten mehr Hintergrundinformationen als Tageszeitungen oder gar Breaking News. Setz dir jedoch auch hier ein Zeitlimit.
- Denk diese Woche einmal darüber nach, welche Gründe es haben könnte, dass du regelmäßig Nachrichten konsumierst, auch wenn du merkst, dass dies deine Stimmung verschlechtert. Ist es Langeweile, die dich zu den News kli-

cken lässt? Oder eher Sensationslust? Hast du Angst, etwas zu verpassen? Lenkt es dich von unangenehmen Gefühlen oder stressigen Aufgaben ab, wenn du Nachrichten liest oder Social-Media-Kanäle checkst?
- Oder hast du Angst davor, zur Ruhe zu kommen? Vielleicht erscheint dir diese Frage seltsam. Tatsächlich aber gibt es in jedem von uns einen Teil, der Aufregung und Unruhe mag und etwas Stress braucht, um sich lebendig zu fühlen. Wenn diese Tendenz bei dir sehr stark ist, liegt das vermutlich daran, dass du die Erfahrung von Gelassenheit, Heiterkeit und innerem Frieden noch zu selten gemacht hast.

Wochen 3 und 4

- Verzichte die folgenden zwei Wochen komplett auf jegliche Nachrichten: keine TV-Sendungen, keine politischen Talkshows, keine Nachrichten im Radio, Internet oder am Zeitungsständer. Deaktiviere Messaging-Dienste und Nachrichten-Apps.
- Genieße die nachrichtenfreie Zeit. Das Bedürfnis, News zu konsumieren, entspringt meist der Angst vor innerer Leere und Langeweile. Suche nach Möglichkeiten, auf andere Art für dich zu sorgen – auf eine bessere und produktivere Weise. Nimm dir mehr Zeit, schöne Bücher zu lesen. Informiere dich über die wirklich wichtigen Themen, indem du zu einem guten Sachbuch greifst. Entwickle deine Achtsamkeit, triff Freunde, geh in die Natur, oder verfolge deine Ziele. Grenze dich von äußeren Reizen ab, um dich deinem inneren Erleben zuzuwenden.
- Führe Tagebuch über die Zeit der Nachrichtendiät. Es genügt, abends zwei oder drei Zeilen zu schreiben. Notiere,

wie du dich fühlst. Was hat sich verändert? Hast du mehr Energie, fühlst du dich freier, und kannst du besser schlafen? Oder bemerkst du noch keine Veränderungen?

- Überleg dir, wie du nach den vier Wochen weitermachen willst. Es gibt Menschen, die seit Jahren keine Nachrichten lesen, denen dabei nichts fehlt und denen es im Gegenteil sogar bestens geht. Andere reduzieren ihren Nachrichtenkonsum auf ein vernünftiges Maß. Finde selbst heraus, welcher Weg für dich der richtige ist.

Wenn Helfen zur Sucht wird

An sich ist Helfen ja eine wunderbare Sache. Anderen beizustehen, die in Not geraten sind und unsere Unterstützung brauchen, macht uns erst zu Menschen und gibt uns ein gutes Gefühl. Tief in unserem Herzen spüren wir, dass Mitgefühl und Hilfsbereitschaft glücklich machen. Eigennutz und Rücksichtslosigkeit haben hingegen noch nie zu etwas Gutem geführt – weder für den Eigennützigen noch für seinen Mitmenschen.

Aber kann man auch zu viel des Guten tun? Kann man zu viel helfen?

Kommt drauf an. Vor allem darauf, ob du aus Stärke oder Schwäche hilfst. Unterstützt du andere, weil du merkst, dass sie wirklich Hilfe brauchen, oder eher, weil du auf Anerkennung und Dankbarkeit hoffst? Handelst du selbstlos, und bist du frei von Erwartungen – oder verbirgt sich hinter deinem Wunsch zu helfen eine Angst, ein Mangel oder ein egoistisches Motiv?

Beantworte das jetzt lieber nicht zu schnell. Wie du noch sehen wirst, sind wir sehr geschickt darin, uns selbst zu belügen, vor allem, wenn unser Selbstwertgefühl darauf gründet, dass wir uns für gute und wertvolle Men-

Bist du ein verständnisvoller, empathischer, offener und verantwortungsbewusster Mensch? Gehören Zuverlässigkeit und Hilfsbereitschaft zu deinen Stärken? Dann achte darauf, dass diese an sich tollen Eigenschaften nicht zu deiner Schwäche werden. Je größer deine Empathie, desto größer ist die Gefahr, dass Helfen zur Sucht wird. Anderen zu helfen, darf nicht dazu führen, dass du Nein zu dir selbst sagst oder dich lieblos behandelst.

schen halten, *weil* wir anderen helfen. Dabei übersehen wir, dass unser Wert nicht davon abhängt, was wir für andere tun, sondern davon, wie gut wir mit uns selbst verbunden sind.

Natürlich ist es okay, seine eigenen Bedürfnisse für eine Weile zurückzustellen, um jemandem zu helfen, der in Not ist – aber Geben und Nehmen dürfen dabei nie aus dem Gleichgewicht geraten.

Die Aufopferungsfalle

Wenn Helfen zur Sucht wird, nennt man das »Helfersyndrom«. Der Begriff wird mitunter sehr weit gefasst. Nur weil du dich für andere engagierst und ein großes Herz hast, leidest du jedoch noch lange nicht am Helfersyndrom. Lass dir da also nichts einreden. Mitgefühl und Güte sind großartig. Aber steckt vielleicht doch noch etwas anderes dahinter? Nur du selbst kannst beurteilen, ob deine Aufopferungsbereitschaft möglicherweise ein gesundes Maß überschritten hat.

Falls du dich nur dann wertvoll, nützlich und geliebt fühlen kannst, wenn andere auf deine Hilfe angewiesen sind, wenn du Angst hast, andere zu enttäuschen, falls du nicht für sie da bist, oder wenn du jemandem deine

Hilfe geradezu aufdrängst, der gar nicht um Unterstützung gebeten hat, dann solltest du sehr genau hinsehen. Gut möglich, dass du unter dem Helfersyndrom leidest. Dieses Problem betrifft nicht nur Menschen, die in sozialen Berufen arbeiten, wie Krankenschwestern, Ärzte, Lehrer oder Pädagogen, die besonders oft vom Helfersyndrom betroffen sind, sondern es ist allgemein bei empathischen Menschen weitverbreitet.

Wer an einem Helfersyndrom leidet, bezieht seinen ganzen Lebenssinn daraus, andere zu unterstützen. Er gibt mehr von sich, als ihm guttut. Es fällt ihm schwer, Grenzen zu setzen, und am liebsten würde er alle retten. Die Kombination aus einem hohen Maß an Empathie für andere und einem Mangel an Selbstfürsorge macht ihn zu einem gefundenen Fressen für Energieräuber und Menschen, die viele Probleme haben.

PRAXIS/TEST

LEIDEST DU AM HELFERSYNDROM?

Das Gute an Tests in Büchern ist, dass nur du allein das Ergebnis erfährst. Es gibt hier nichts anzukreuzen, und somit kann niemand, der dein Buch zufällig mal in die Hand kriegt, Einblicke in dein Seelenleben bekommen. Der Test dient einzig deiner Selbsterkenntnis. Sei dir selbst gegenüber offen und aufrichtig. Wenn du die Fragen für dich beantwortest, dann zähle einfach mit, wie oft du mit Ja antwortest. Je öfter das der Fall ist, desto wahrscheinlicher bist du vom Helfersyndrom betroffen:

- Fällt es dir oft leichter, zu erkennen, was andere brauchen, als was du selbst brauchst?

- Gibst du mehr von dir, als du von anderen bekommst?
- Kann man dich immer um Rat bitten, auch zu unmöglichen Tageszeiten?
- Ist es schwer für dich, deine eigenen Ziele, Wünsche oder Träume zu formulieren?
- Hast du ein schlechtes Gewissen, wenn du jemandem nicht hilfst oder Nein sagst, wenn er dich um einen Gefallen bittet?
- Fühlst du dich oft erschöpft, energielos und ausgelaugt?
- Fällt es dir schwer, dein Leben zu genießen?
- Hast du das Gefühl, dass du umso beliebter und wertvoller bist, je mehr du anderen hilfst?
- Lehnst du die Hilfe, die andere dir anbieten, oft ab, und hast du das Gefühl, alles »allein schaffen zu müssen«?
- Wünschst du dir, mehr Zeit für dich selbst zu haben?
- Ziehst du hilfsbedürftige Menschen geradezu magisch an?
- Tust du anderen auch dann einen Gefallen, wenn sie dich gar nicht darum gebeten haben?
- Hast du zu wenig Zeit, deinen eigenen Interessen nachzugehen und deine eigenen Ziele zu verfolgen?
- Nimmst du Medikamente oder Suchtmittel zu dir, um die Belastungen auszuhalten, die durch deine Hilfsbereitschaft entstehen?
- Genießt du das Gefühl, gebraucht zu werden?

Wie oft hast du Ja gesagt? Wenn du das kein einziges Mal getan hast, dann wirst du sicher nicht von einem Helfersyndrom betroffen sein. Bis zu dreimal Ja ist im Rahmen. Natürlich kannst du aufmerksam sein, damit sich ein Helfersyndrom nicht entwickeln wird.

Vier- bis sechsmal hast du Ja gesagt? Dann kannst du dein Leben enorm verbessern, wenn du dich intensiv mit dem Thema befasst.

Und wenn du mehr als siebenmal Ja gesagt hast, ist es ziemlich sicher, dass du von einem Helfersyndrom betroffen bist: Überlege dir, ob es hilfreich für dich wäre, dir professionelle Hilfe zu holen.

Der Blick hinter den Vorhang

Selbsterkenntnis ist der erste und wichtigste Schritt in die Freiheit. Solange du die Muster nicht erkennst, die dich dazu zwingen, auf immer gleiche Weise zu denken, zu fühlen und zu reagieren, wirst du auf ewig darin stecken bleiben. Achtsamkeit ermöglicht es dir jedoch auszubrechen. Sie lädt dich dazu ein, deinen Blick auf das zu lenken, *was ist.*

Je achtsamer du hinschaust, desto mehr Klarheit gewinnst du. Und erst wenn du klarsiehst, kannst du anfangen, deinen Kurs zu korrigieren und wirklich etwas zu verändern. Vorher nicht.

Das Helfersyndrom bezeichnet eine besonders ausgeprägte Form mangelnder Abgrenzung. Letztlich ist es aber auch nur ein Wort. Ob du an einem »echten« Helfersyndrom leidest oder ob dein Problem eher darin liegt, überangepasst oder zu aufopferungsbereit zu sein, es läuft immer darauf hinaus, dass du dir die Probleme anderer Menschen auflädst und deine eigenen Grenzen ignorierst. Der Unterschied liegt vor allem im Grad der Intensität.

Mithilfe des Tests konntest du dir vielleicht schon ein wenig Klarheit verschaffen, wie es um dich steht. Natürlich spürst du es sicher sowieso, wenn du besonders sensibel und empathisch bist und daher zu einem Helfersyndrom tendierst. Dann lautet die Frage, welchen Grund es haben könnte, dass du mit übertriebener Aufopferungsbereitschaft handelst. Denn eins ist sicher: Du bist nicht schuld! Es gibt immer äußere oder innere Umstände, die uns an den Punkt gebracht haben, an dem wir gerade stehen.

Wirf mal einen Blick hinter den Vorhang. Dazu musst du sehr ehrlich zu dir selbst sein, und das braucht etwas Mut. Wenn du aber erst einmal erkennst, was die Ursachen dafür sind, dass du in die Aufopferungsfalle geraten bist, wird es dir sehr viel leichter fallen, künftig mehr auf deine eigenen Bedürfnisse zu achten. Also los, Vorhang auf:

- Flucht vor den eigenen Problemen: Ein häufiger Grund, warum Menschen sich auf die Schwierigkeiten anderer stürzen, ist, dass sie sich dann nicht mehr mit ihren eigenen befassen müssen. Statt uns um unsere Bedürfnisse und Prioritäten zu kümmern, fällt es uns oft leichter, uns mit dem Leiden anderer zu beschäftigen. So wird Helfen zu einer Ablenkungsstrategie – mit der Folge, dass wir vergessen, vor der eigenen Haustür zu kehren, uns auf die Lösung unserer eigenen Schwierigkeiten zu konzentrieren und sie stattdessen auf andere projizieren.
- Konfliktvermeidung: Streitereien sind nicht schön, und Konflikte erzeugen Stress. Kein Wunder, dass

wir gut und gern darauf verzichten können. Statt mit unseren Kollegen, unserem Partner oder den Eltern Klartext zu reden, erfüllen wir um des lieben Friedens willen lieber deren Erwartungen. Der »liebe Frieden« wird allerdings nicht lange währen. Wenn du ständig Extraaufgaben erledigst und deine Grenzen missachtest, verwandelt sich Hilfsbereitschaft früher oder später in Ablehnung oder Wut. Konflikte zu vermeiden, klappt nur so lange, wie der Dampfkessel nicht in die Luft geht.

- Lasten aus der Kindheit: Der Ursprung des Bedürfnisses, gebraucht zu werden, liegt sehr oft in der Kindheit. Kinder, die zu wenig Liebe, Aufmerksamkeit und Unterstützung bekommen haben, lernen, dass sie sich Anerkennung und Zuneigung erst verdienen müssen. Wer in jungen Jahren die Erfahrung macht, nur wertvoll und liebenswert zu sein, wenn er sich für andere (meist die Eltern) aufopfert, bleibt oft sein Leben lang in der »Märtyrerrolle« stecken. Defizite in der Kindheit können fatale Folgen haben. Falls unsere Eltern uns etwa für ihre negativen Gefühle verantwortlich gemacht haben (»Du bist schuld, dass Mama weinen muss …«), werden wir uns auch als Erwachsene schnell schuldig fühlen, wenn andere Probleme haben.
- Angst vor Ablehnung: Ob du nun unter einem Helfersyndrom leidest oder »nur« Schwierigkeiten hast, deine Grenzen zu zeigen: Oft liegt der Grund dafür in der Angst, abgelehnt zu werden. Das Leben in der Gemeinschaft erfordert ein gewisses Maß an Anpassung. Der Wunsch nach harmonischen Beziehungen

ist menschlich und seit Urzeiten tief in uns verankert. Angst ist jedoch keine gute Basis für harmonische Beziehungen. Wenn wir unserem Gegenüber eine Bitte abschlagen, dabei freundlich bleiben und ihm verständlich machen, warum wir uns momentan nicht um seine Probleme kümmern werden, muss das genügen. Gegenseitige Akzeptanz und gegenseitiger Respekt sollten nicht darauf gründen, was der andere tut, sondern darauf, wer der andere ist, nicht auf Dienstleistungen, sondern auf dem Wesen eines Menschen. Wenn jemand dich ablehnt, nur weil du seinen Erwartungen nicht gerecht wirst, kannst du auf diese Beziehung getrost verzichten.

- Suche nach Anerkennung: Eine Variante der Angst vor Ablehnung ist die Suche nach Anerkennung. Der Wunsch, gebraucht, gelobt und geliebt zu werden, ist vollkommen menschlich und natürlich. Doch er führt leicht zu einer Überanpassung. Was nützt es dir, dass andere dich nur dann akzeptieren, wenn du die Helferrolle spielst und du dabei am Ende selbst auf der Strecke bleibst?
- Hochsensibilität: Da du gerade dieses Buch liest, gehen wir davon aus, dass du auf jeden Fall ein sensibler und vielleicht ja auch sehr sensibler Mensch bist. »Hochsensibel« heißt im Grunde nichts anderes, als dass du Reize von außen sehr intensiv wahrnimmst. Aber nicht nur für Reize, sondern auch für Emotionen und Stimmungen bist du besonders empfänglich. Du hast sicher sehr feine Antennen, was toll ist, aber auch Nachteile hat: prima, weil du mehr und

feiner wahrnimmst als die meisten anderen; nachteilig, da du dadurch auch viel verletzlicher bist. Sowohl dein eigenes als auch das Leiden anderer Menschen empfindest du so intensiv, dass es oft schwer zu ertragen ist. Anderen in ihrer Not zu helfen, ist für Hochsensible daher viel eher ein Drang als eine bewusste Entscheidung. Kein Wunder also, dass Hochsensible sich oft in die Rolle der Retterin oder des Retters hineinmanövrieren. Doch gerade weil sie so sensibel sind, führt sie das auf kurz oder lang an die Grenze ihrer Kräfte.

Du hast nun einige typische Ursachen für das Entstehen eines Helfersyndroms kennengelernt. Doch erst wenn du sie auch in Bezug zu deinem eigenen Leben und deinen Erfahrungen setzt, wird das Ganze wirklich hilfreich für dich. Nimm dir also genug Zeit, um dir dein Verhalten und deine emotionalen Muster in Ruhe anzuschauen und dich selbst zu erforschen.

Ebenso wie die Ursachen, können auch die Folgen eines Helfersyndroms oder allzu wohlgemeinter Aufopferungsbereitschaft dir viel über dich selbst verraten. Wenn Helfen zur Sucht wird, gehören Stress, Erschöpfung, psychosomatische Störungen, Schlafprobleme, Belastungsdepressionen oder Burn-out zu den häufigsten Folgen.

Und jetzt? Leidest du an deiner Aufopferungsbereitschaft und fragst dich, was du unternehmen kannst, um dich besser zu schützen? Die gute Nachricht ist, dass du bereits sehr viel getan hast. Auch wenn es dir vielleicht noch nicht bewusst ist: Du hast dein Risiko anhand eines Tests abgecheckt, hast bereits viel darüber gelesen, warum es weder dir noch anderen hilft, wenn du dich mit ihren Problemen belastest, und du hast dir die häufigsten Ursachen für das Entstehen eines Helfersyndroms angesehen. Das ist eine ganze Menge!

Und was kannst du nun darüber hinaus noch tun? Ganz einfach: Entwickle deine Achtsamkeit, schau noch genauer hin.

PRAXIS

DER SUCHT ZU HELFEN MIT ACHTSAMKEIT BEGEGNEN

Zunächst sollte dir ganz grundsätzlich klar sein, dass du nicht ständig etwas für andere tun musst, um dich wertvoll zu fühlen. Das bist du nämlich auch so. Beziehe dein Selbstwertgefühl nicht daraus, was du für andere tust, sondern daraus, dass du dir selbst treu bleibst. Dein Wert hängt nicht davon ab, was andere über dich denken oder ob sie deine Taten absegnen oder nicht.

Befreie dich aus alten Mustern: Mit folgenden drei Schritten kannst du automatisch ablaufende Reaktionen durchbrechen, die zu Stress und Überforderung führen.

Schritt 1: Achtsam hinsehen

Erkenne den Impuls zu helfen. Wenn du einer Bitte nachgeben willst, jemandem einen Gefallen tun möchtest, ein schlechtes Gewissen hast, weil du nicht aktiv wirst, oder wenn du dich für jemanden verantwortlich fühlst und den Impuls hast, dir seine Probleme ausführlich anzuhören oder Ratschläge zu verteilen, dann versuche, das zu erkennen. Denke: »Stopp!« Bemerke: »Aha, das ist wieder mal der Helferimpuls.« Es genügt, das zu registrieren. Erkenne deinen Drang, ohne etwas zu beurteilen. Beobachte einfach nur, was in deinem Kopf passiert, aber folge dem Impuls nicht.

Schritt 2: Die Hand-aufs-Herz-Frage

Grundsätzlich gibt es zwei Arten der Hilfe: erstens die »solidarische« und zweitens die »egozentrierte«. Stell dir die Frage, womit du es in diesem Moment zu tun hast:

1. *Geht es dir darum, jemanden aus einer akuten Not zu helfen?* Kommt dieser Wunsch zu helfen ganz spontan aus deinem Innersten? Eine notwendige Hilfe zu leisten und Leiden zu lindern, hat nichts mit einem Helfersyndrom oder mangelnder Abgrenzung zu tun, sondern ist ein zutiefst menschliches Verhalten. Es geschieht, ohne dass wir lange überlegen müssen.
2. *Hängt dein Wunsch zu helfen damit zusammen, dass bei diesem Wunsch ein wichtiges eigenes Bedürfnis die Hauptrolle spielt?* Das ist dann der Fall, wenn sich deine Hilfe nicht auf die tatsächlichen Bedürfnisse eines anderen bezieht.

Und dann solltest du deine wahren Motive untersuchen. Schick dein Ego aber solange auf einen Spaziergang, denn es wird nicht mögen, was du herausfindest, und alle Argumente zu entkräften versuchen.

Hand aufs Herz: Was bewegt dich genau zum Handeln, wenn du einem anderen helfen, ihm einen Gefallen tun oder dich mit seinen Problemen beschäftigen willst? Fühlst du dich dadurch gebraucht? Fühlst du dich gut und stark, weil du fähig und zu etwas nütze bist?

Ermöglicht dir das, Selbstzweifel oder Lebensängste zu unterdrücken? Gründet dein Wunsch zu helfen in der Angst vor Ablehnung oder in der Sucht nach Anerkennung? Oder geht es dir vielleicht im tiefsten Inneren vor allem darum, eine Bestätigung für deinen Selbstwert zu erhalten?

Was immer du herausfindest, bewerte es nicht. Solange du ehrlich zu dir selbst bist, ist es vollkommen okay. Akzeptiere, dass hinter deiner Hilfsbereitschaft auch noch andere Motive stecken. Jeder Mensch ist *auch* eigennützig. Eigennützige Motive zu haben, ist kein Problem – mach also auch keins draus.

Schritt 3: Nicht jetzt

Wenn du erkennst, dass sich hinter deinem Drang zu helfen eigennützige Motive verbergen, dann folge diesem Drang nicht. Er ist eine automatische Reaktion, doch niemand zwingt dich, auf Situationen in der immer gleichen Weise zu reagieren. Du hast den Impuls zu helfen erkannt, du hast verstanden, dass es in diesem Fall nicht darum geht, notwendige und dringende Hilfe zu leisten – sehr gut. Und jetzt machst du eine winzige Pause. Du gönnst dir einen Moment des Innehaltens.

Atme dreimal tief ein und aus. Bei jedem Ausatmen denkst du: »Nicht jetzt!« Später kannst du dich umentscheiden, aber in diesem dritten Schritt ist es wichtig, deinem Impuls bewusst zu widerstehen. Ruf nicht an, fahr nicht hin, erledige keine Besorgung, schrei nicht gleich: »Hier!«, wenn jemand etwas zu brauchen scheint, sondern denk daran: Der andere kommt auch gut allein zurecht in dieser speziellen Situation. Und letztlich kommt er sogar besser klar. »Nicht jetzt« ist eine effektive Methode, um alte Gewohnheiten zu durchbrechen, die weder dir noch dem anderen guttun.

Wenn es zur Sucht wird, ist es keine Liebe

Steckst du in einer schwierigen Beziehung fest? In einer Beziehung, in der du dich unfrei fühlst und dich selbst zunehmend verlierst, weil die Probleme des anderen dein eigenes Leben dominieren und dich deine Lebensfreude kosten?

Menschen, die vom Helfersyndrom betroffen sind, suchen sich häufig Partner mit Problemen aus: jemanden, der sehr bedürftig ist und dem man »dringend helfen muss«. Aus diesem unbewussten Verhalten heraus entstehen Beziehungen, in der jeder vom anderen abhängig ist und den anderen abhängig hält. Abhängigkeit und Unfreiheit sind nicht nur in der Beziehung zu einem Partner, sondern beispielsweise auch zu den eigenen Kindern, einem Elternteil oder zu guten Freundinnen und Freunden verbreitet. Diese Beziehungen werden ebenfalls zum Problem für dich, wenn du Liebe mit Aufopfern verwechselst und in eine emotionale Co-Abhängigkeit hineingerätst.

Ursprünglich bezieht sich der Begriff »Co-Abhängigkeit« auf Angehörige von Alkoholikern oder Suchtkranken. Der starke Wunsch, dem Suchtkranken zu helfen und ihn zu retten, führt dazu, dass Co-Abhängige sich viel zu intensiv mit dessen Problem beschäftigen, bis das Helfen selbst zur Sucht wird. Die eigenen Herzensziele und

Träume bleiben dabei auf der Strecke, da sich ja alles nur noch um die Probleme des Partners dreht.

Wir wollen den Begriff jedoch deutlich weiter fassen. Einen suchtkranken Partner brauchst du nicht, um in eine ungesunde Abhängigkeit zu geraten. Dafür reicht es schon, dass die Probleme eines Menschen, der dir sehr nahe steht, dein ganzes Denken und Fühlen beherrschen. Der Drang, immer für den anderen da zu sein, wird dann schnell zu einer Sucht.

Wenn du co-abhängig bist, merkst du das zum Beispiel daran, dass du

- immer wieder in Klammerbeziehungen hineingerätst,
- versuchst, den anderen von dir abhängig zu machen,
- besonders gut darin bist, die Gefühle des anderen zu »erraten« und seine Gefühle sogar deutlich stärker als er selbst fühlst,
- den Großteil deiner Aufmerksamkeit darauf richtest, den anderen zu beschützen, ihm zu gefallen, seine Probleme zu lösen und ihn (unbewusst) zu manipulieren,
- es brauchst, gebraucht zu werden, und/oder
- Schuldgefühle bekommst, wenn du dich um dich selbst kümmerst oder dich gar aus einer ungesunden Beziehung löst.

Diese Form von Co-Abhängigkeit ist eine Form von fehlgeleiteter Suche nach Sinnerfüllung. Die Symptome decken sich größtenteils mit denen von Menschen, die Probleme haben, sich abzugrenzen. »Dieses Problem lass ich bei dir« ist ein Satz, den Co-Abhängige kaum je über die

Lippen bringen. Und doch ist eine gesunde Abgrenzung der einzige Weg, um eine gestörte Beziehung zu beenden. Was übrigens nicht heißt, dass die Beziehung selbst beendet werden muss – wohl aber die Störung, also die Muster, die beide Partner in ihrer gegenseitigen Abhängigkeit festhalten.

Wenn Helfen bei dir zur Sucht wird, merkst du das daran, dass du in bestimmten Beziehungen den überwältigenden Drang verspürst, dich für jemand anderen aufzuopfern. Oder daran, dass du einen nahestehenden Menschen so sehr unterstützt, dass du dein eigenes Leben hintanstellst. Fremde Probleme werden übermächtig, während du deine eigenen übersiehst. Wenn du anfängst, besser für andere zu sorgen als für dich selbst, wirst du irgendwann so sehr beim anderen sein, dass du nicht mehr bei dir selbst sein kannst.

Die tiefere Ursache dafür, dass du zu nett bist, an einem Helfersyndrom leidest oder co-abhängig bist, liegt darin, dass du dich zu sehr nach außen orientierst. Stell dir die Frage, was du fühlen würdest, wenn mit einem Schlag alle Probleme des Menschen, dem du so gern helfen willst, verschwänden. Es würde wohl eine große Leere entstehen. Vermutlich würdest du nach einem anderen suchen, dem du helfen kannst. Die Befreiung aus diesem Kreislauf besteht darin, die Liebe, die du dort draußen vergeblich suchst, in dir selbst zu finden.

Nicht der andere ist es, der unsere Hilfe benötigt, sondern wir selbst sind es. Selbstaufgabe kann uns zwar vorübergehend das Gefühl geben, gut und liebevoll zu sein. Doch letztlich sollten wir Selbstaufgabe und Überanpassung nie mit Liebe verwechseln. Sobald du beginnst, dich selbst zu verlieren, verlierst du auch die Liebe, die das Fundament für harmonische Beziehungen ist. Liebe

Das Einzige, was dich und deine Beziehungen heilen kann, ist die Entscheidung, das Glück in dir selbst zu suchen und dich dir selbst zuzuwenden. Lausche deinen inneren Empfindungen, höre auf dein Herz, mach dir deinen eigenen Wert bewusst; und dann, aber erst dann, kannst du dich in Liebe und Freiheit für den anderen öffnen.

ist frei, und sie tut nicht weh – wohlgemerkt gilt das aber nur für die selbstlose, echte Liebe. Wo immer sich nämlich unser Ego hineinschleicht, ist »Liebe« nur ein anderes Wort für »Festhalten«.

Willst du deinem Partner, deinem Kind oder einem anderen nahestehenden Menschen wirklich helfen? Dann entscheide dich nicht für Abhängigkeit, entscheide dich nicht für Selbstaufgabe oder Sorgsucht, sondern entscheide dich für Liebe – für Mitgefühl.

Falls Helfen nicht hilft

Die Bereitschaft, anderen zu helfen, ist selbstredend eine großartige Eigenschaft. Da du wahrscheinlich ein empathischer, sensibler Mensch bist, wirst du bestimmt oft den Wunsch verspüren, Hilfe zu leisten, wenn jemand in Not ist. Doch Helfen ist nicht gleich Helfen.

Es gibt Umstände, unter denen es sehr wichtig ist, anderen unter die Arme zu greifen; aber ebenso gibt es auch viele Situationen, in denen deine Hilfe dem Bedürftigen unterm Strich gar nicht wirklich hilft. Du solltest das eine vom anderen unterscheiden können, damit deine Mühe nicht ins Leere läuft. Nennen wir die beiden Kategorien der Einfachheit halber mal »hilfreiche« und »sinnlose Hilfe«.

Hilfreich ist deine Hilfe immer dann, wenn du konkret etwas tun kannst, um jemandem zur Seite zu stehen, der wirklich Hilfe benötigt. Eigentlich ist das ja selbstverständlich. Wenn eine alte Dame vom Rad fällt, wirst du ihr vorsichtig helfen, wieder auf die Beine zu kommen. Wenn es ein schlimmer Unfall war, wirst du wohl den Notarzt anrufen. Denn auch wenn andere akut Hilfe brauchen, muss und kann das nicht immer *deine* Hilfe sein.

Deiner Freundin zu helfen, das richtige Brautkleid zu finden, der kranken Nachbarin ihre Medizin aus der Apotheke mitzubringen oder deinem Kind ein Pflaster aufs blutende Knie zu kleben – das alles sind sehr hilfreiche und sinnvolle Arten zu helfen. Und nebenbei: In keinem dieser Fälle wirst du auch nur auf die Idee kommen zu sagen: »Dieses Problem lass ich bei dir.«

Aber dann gibt es auch die andere Art von Schwierigkeiten: emotionale Probleme, Lebenskrisen, belastende Stimmungen und Gefühle, in die andere ebenso wie wir selbst jederzeit geraten können. Und da du ein großes Herz hast, möchtest du natürlich auch in diesen Fällen helfen. Doch leider ist die Sache hier nicht so einfach.

Einem Partner, der depressiv ist, oder einer Freundin, die unter Trennungsschmerzen leidet, kannst du nicht einfach ein Pflaster aufkleben. Im Gegensatz zum Fahrradunfall wirst du jemandem, der seelisch leidet, nicht »zur Hand gehen« können. Du bist nicht in der Lage, aktiv etwas dagegen zu tun. Es hilft einem Depressiven nicht, wenn du ein Fenster öffnest, um sein Schlafzimmer zu lüften. Es gibt keine Kniffe, um jemanden zu retten, der

Liebeskummer hat. Jede Mühe, die Sache aktiv »in den Griff zu bekommen«, ist sinnlos, für die Katz. Und auch gute Ratschläge à la »Kopf hoch – wird schon wieder« verschlimmern negative Zustände eher weiter.

Noch sinnloser wird deine Hilfsbereitschaft allerdings, wenn du anfängst, dir den Kopf darüber zu zerbrechen, wie du die Probleme des anderen lösen sollst, und deine Zeit womöglich damit verbringst, lange im Internet zu surfen und nach »guten Tipps« zu suchen, während dir graue Haare wachsen.

Verschwende deine Zeit nicht damit, krampfhaft nach Lösungen zu suchen. Probleme, die sich nicht lösen lassen, weil sie Teil unserer menschlichen Entwicklung sind, musst du loslassen. Einem Menschen, der gerade dabei ist, schwimmen zu lernen, hilft es nicht weiter, wenn du ihm einen Rettungsring zuwirfst.

Selbst wenn deine Motive noch so edel sind, manchmal ist deine Hilfe für andere leider nicht hilfreich. Schlimmer ist es aber, wenn deine Hilfe anderen Menschen nicht nur nicht weiterhilft, sondern ihnen sogar schadet – womit wir noch einmal beim Thema »Co-Abhängigkeit« wären.

Falls hinter deinem Wunsch zu helfen eine primär eigennützige Absicht steckt – was dir auf Anhieb wahrscheinlich gar nicht wirklich bewusst wäre –, kann dein Helferinstinkt dem anderen sogar schaden. Ohne es zu wollen, hältst du den Hilfsbedürftigen in seiner Schwäche fest, indem du ihn übertrieben unterstützt, ihm jeden Wunsch von den Lippen abliest und immer für ihn da bist.

Helfen hilft nicht immer. Und das ist eine gute Nachricht! Denn wenn du weißt, dass deine Hilfe beim anderen entweder nicht ankommt, als übergriffig empfunden wird, Schuldgefühle bei ihm weckt oder zu einer emotionalen Abhängigkeit führt, dann kannst du dich genauso gut entspannen und deinen Erste-Hilfe-Koffer ruhig wieder zuklappen.

Falls der Empfänger deiner Hilfsbereitschaft immer weiter in die Unselbstständigkeit rutscht, dann habt ihr beide ein Problem: du, weil du dein eigenes Leben nicht mehr lebst, und der andere, weil er nicht lernen darf, seine eigenen Kräfte zu entdecken und zu entwickeln. Auf diese Weise wird jeder zur Krücke für den anderen. Wohlgemerkt: unbewusst und ganz ohne böse Absicht.

Heißt das jetzt etwa, dass man Menschen, die eine schwierige Zeit durchmachen, gar nicht helfen kann?

Nein, das heißt es natürlich nicht. Du kannst anderen jederzeit helfen – ganz ohne ihre Probleme zu deinen zu machen und ganz ohne Abhängigkeiten zu erzeugen. Doch das schaffst du nicht durch Wollen, sondern durch Loslassen, nicht durch Tun, sondern durch Sein.

Geteiltes Leid ist doppeltes Leid

Grenze dich ab, lade dir nicht die Probleme anderer auf und lerne, öfter mal Nein zu sagen, aber tu das immer mitfühlend. Mitgefühl ist eine wunderbare Herzensqualität. Sie ermöglicht es dir, deinen Mitmenschen, aber auch dir selbst auf eine offene, wertschätzende Weise zu begegnen. Ein offenes, gütiges Herz ist eine universelle Medizin. Du kannst sie gegen Ängste, Sorgen, Selbstzweifel oder Unzufriedenheit ebenso einsetzen wie gegen Abhängigkeit.

Mitgefühl ist der Schlüssel zu wahrer Verbundenheit.

Damit du dich auf mitfühlende Weise abgrenzen kannst, solltest du natürlich wissen, was Mitgefühl eigentlich genau ist, denn oft wird es mit Mitleid verwechselt. Umgangssprachlich ist Mitleid die Fähigkeit, sich gut in andere Menschen hineinversetzen zu können und empathisch auf ihre schwierige Lage zu reagieren, was teilweise ja auch auf Mitgefühl zutrifft.

Wenn du aber etwas genauer hinschaust, wird dir der Unterschied schnell klar. In »Mit*leid*« steckt das Wort »Leid«. Du leidest mit dem Betroffenen mit, und so sind es dann schon zwei, die Kummer haben. Mitleid ist also kein geteiltes, sondern doppeltes Leid. Im Gegensatz zu Mitgefühl ist Mitleid in Beziehungen nicht hilfreich.

Mitleid ist eine automatische Reaktion auf das Leiden anderer. Unbewusst lassen wir uns davon anstecken. Mitleid verursacht empathischen Stress und somit negative Emotionen. Wenn du starkes Mitleid empfindest, fühlt sich das nicht gut an, weshalb du dich innerlich schnell wieder von der belastenden Situation abwenden oder krampfhaft und ineffektiv nach einer schnellen Lösung suchen wirst. Aber nicht nur du selbst, sondern auch der andere kann durch dein Mitleid geradezu gelähmt werden.

Dazu kommt noch, dass Mitleid immer auch die Folge deiner eigenen Bewertung ist. Du begegnest jemandem, der Probleme hat, der krank oder behindert ist oder einfach nur unglücklich aussieht, und sofort interpretierst du das Ganze und denkst: »Oje, der Arme.« Aber weißt du, wie es dem anderen wirklich geht? Kannst du wirklich in seine Haut schlüpfen? Wohl kaum. Was immer du wahrnimmst, ist nur ein kleiner Teil der Wirklichkeit. Der sehr viel größere wird davon bestimmt, was du *glaubst* und wie du die Situation bewertest. Mit anderen Worten: von deiner Fantasie.

Zusammenfassend lässt sich also sagen, dass Mit*leid*

- dich belastet, weil es sich deprimierend anfühlt,
- dich lähmt, da es ein Gefühl der Hilflosigkeit weckt,
- es dir schwer macht, aktiv zu werden und konkrete Hilfe zu leisten, weil dir das Leiden des anderen schnell zu viel wird,
- oft zu hektischem Aktionismus mit sinnlosen Ratschlägen und undurchdachten Hilfsaktionen führt,
- dazu verleitet, dass du Eigenschaften und Umstände auf den anderen projizierst, die viel mehr mit dir selbst als mit ihm zu tun haben,
- dem Betroffenen den Eindruck vermittelt, dass tatsächlich alles furchtbar schlimm und hoffnungslos ist, und
- bei ihm das Gefühl hinterlässt, klein, schwach und hilfsbedürftig zu sein, sodass dein Mitleid ihm ein Stück seiner Würde nimmt.

Im Gegensatz zu Mitleid *ist* Mitgefühl *nicht passiv, sondern aktiv.* Mitleid *geschieht einfach. Um Mitgefühl zu entwickeln, brauchst du Kraft und Mut. Kraft brauchst du, um bei dir selbst zu bleiben und dich nicht im Leiden des anderen zu verlieren. Mut brauchst du, um dich aktiv in dein Gegenüber hineinzuversetzen. Und Mitgefühl brauchst du, um dich ganz darauf einzulassen, mit ihm zu sein und mit ihm zu fühlen.*

Mitgefühl ist eine bewusste Entscheidung, nicht – wie Mitleid – nur eine unbewusst ablaufende Reaktion. Mit anderen Worten: Du bleibst dabei achtsam. Mitgefühl verwandelt Schwäche in Stärke und Abhängigkeit in Verbundenheit. Auch wenn du es mit anstrengenden Menschen zu tun hast oder die Probleme, unter denen geliebte Menschen leiden, dich sehr belasten, sodass du am liebsten fliehen würdest: Wende dich nicht ab, zeige niemandem die kalte Schulter, und lauf auch nicht weg. Nimm stattdessen bewusst eine Haltung des Mitgefühls ein.

Schenke anderen deine Anteilnahme, bring ihnen Einfühlungsvermögen und Verständnis entgegen. Verwechsle Abgrenzung nie mit Kälte oder Gleichgültigkeit. Du kannst jemand anderen tatsächlich oder auch im übertragenen Sinne in den Arm nehmen und ihn trösten, ohne dich selbst zu verlieren.

Wenn du Ja zu einem anderen Menschen sagst, dann nicht, weil du dich vor lauter Nettigkeitsstreben nicht traust, »Stopp« zu sagen, oder weil du den Drang hast, dich für andere aufzuopfern, und daraus deinen Lebenssinn beziehst. Tu es aus dem Entschluss heraus, keinen Menschen, und sei er noch so schwierig, je aus deinem Herzen auszuschließen. Mach dir deine Stärke bewusst – sei bereit, dem anderen achtsam zuzuhören und mit ihm zu fühlen, statt mit ihm zu leiden.

PRAXIS

MITGEFÜHL TRAINIEREN – HERZMEDITATION I

Kommt dir das Wort »Training« in Verbindung mit dem Begriff »Mitgefühl« seltsam vor? Kann gut sein, denn Training wird allgemein ja eher mit körperlichen oder geistigen Leistungen und einer Wettbewerbssituation assoziiert. Tatsächlich lassen sich aber auch Qualitäten wie Gelassenheit, Achtsamkeit oder eben Mitgefühl gezielt üben und verbessern, anders gesagt: »trainieren«. Und diese Art von Training ist sehr wichtig, denn du solltest nicht erwarten, dass es dir auf Anhieb gelingen wird, dich mitfühlend abzugrenzen.

Manchen Menschen fällt es eher leicht, ihr Herz zu öffnen und sich mit anderen verbunden zu fühlen. Die meisten haben dabei aber mehr oder weniger große Schwierigkeiten. Um Mitgefühl und Güte kontinuierlich in sich wachsen zu lassen und zur Blüte zu bringen, ist Übung unverzichtbar. Wie können Mitgefühl und Güte wachsen, wenn du sie nie tatsächlich anwendest?

Idealerweise solltest du die folgende Herzmeditation täglich durchführen. Sie dauert nur wenige Minuten und lässt sich gut in ein Morgenritual, abends vor dem Schlafengehen oder auch zwischendurch mal in den Alltag einbauen. Sie wird es dir erleichtern, dich auf mitfühlende Weise abzugrenzen:

- Achte darauf, dass du aufrecht sitzt. Schließe die Augen. Entspanne deine Augen, den Kiefer und die vielen kleinen Muskeln im Gesicht. Lass alle Anspannungen in den Schultern und Händen jetzt los.
- Atme dreimal langsam und sanft ein und aus. Stell dir vor deinem inneren Auge dann einen Menschen vor, den du gern magst. Das kann eine Freundin, dein Kind, ein Partner, eine nette Kollegin oder ein Verwandter sein. Ganz egal. Visualisiere, dass dieser Mensch vor dir steht oder sitzt, oder stell dir einfach nur sein Gesicht vor.
- Während du deinen Atem entspannt fließen lässt, lächelst du dem Menschen deiner Wahl innerlich zu. Denke dabei

die beiden Sätze »Ich wünsche mir, dass du glücklich bist« und »Ich wünsche mir, dass du frei von Leiden bist«. Wiederhole sie dreimal sanft und langsam.

- Beende die Meditation, indem du noch einmal tief durchatmest und die Augen wieder öffnest.

Anfangs kommt es dir vielleicht etwas gekünstelt vor, wenn du Worte wiederholst, die du noch nicht empfindest. Doch genau darin besteht die eigentliche Übung: in der Wiederholung. Mit der Zeit werden deine liebevollen Gefühle erwachen, und dann beginnst du, die heilsame Wirkung der Herzmeditation wirklich zu spüren.

Wir empfehlen dir, diese einfache Meditation eine Zeit lang für dich im stillen Kämmerlein zu üben. Dann kannst du anfangen, Mitgefühl auch im Alltag zu praktizieren. Öffne dein Herz für Leute, denen du täglich begegnest: den Postboten, die Nachbarin, deine Freunde, aber auch schwierige Menschen wie vielleicht manche Kolleg*innen oder Vorgesetzte.

Irgendwann wirst du so weit sein, dass es dir auch dann gelingen wird, mitfühlend zu bleiben, wenn du dich abgrenzen musst. Zeigst du Energieräubern ihre Grenzen und sagst du ihnen, dass du für ihr Problem nicht zur Verfügung stehst, dann kannst du trotzdem in einer Haltung der Achtsamkeit und des Mitgefühls verbleiben und innerlich die Sätze wiederholen: »Ich wünsche mir, dass du glücklich bist. Ich wünsche mir, dass du frei von Leiden bist.«

Grenz dich ab, aber verschließ dabei nicht dein Herz. Wünsche dem andern, dass er den Frieden in sich selbst finden, dass er glücklich und frei von Leiden sein möge.

Mach es genauso, wenn du mit dem Leiden eines Menschen, den

du liebst, in Berührung kommst: Nimm Anteil, fühle mit ihm, sei präsent, und denke: »Ich wünsche mir, dass du glücklich bist. Ich wünsche mir, dass du frei von Leiden bist.« Und dann lass das Problem dort, wo es tatsächlich ist und eine wichtige Funktion erfüllt: bei ihm.

Liebe dich selbst, und sorge gut für dich

Auf Instagram posteten wir kürzlich ein paar Zeilen aus unserem Buch *Mit dem Herzen siehst du mehr*. Sie lauten:

> *»Wenn du nicht schwimmen kannst, kannst du niemanden vor dem Ertrinken retten.*
> *Wenn du dich selbst nicht liebst, kannst du auch niemand anderem deine Liebe schenken.«*

Unter den vielen positiven Kommentaren erreichte uns auch ein kritischer. Marion schrieb uns, es sei definitiv möglich, auch dann zu lieben, wenn man nur wenig Selbstliebe habe. Und das stimmt natürlich in gewissem Sinne. Zweifellos können auch Menschen, die Probleme haben, sich selbst anzunehmen, ihre Kinder, Partner, Freunde oder Katzen lieben. Marion schrieb uns aber außerdem, dass Selbstliebe doch ganz schön egoistisch sei. Und das finden wir nun wieder gar nicht.

Einmal abgesehen davon, wie man »lieben« definiert, dürfte eines klar sein: Die Tendenz, sich selbst abzulehnen, wirkt sich immer auch negativ auf unsere Beziehungen aus.

Wenn du dich selbst liebst und dir Mitgefühl entgegenbringst, ist das ganz und gar nicht egoistisch. Vielmehr ist Selbstliebe die Voraussetzung für gesunde Beziehungen. Sie ist die Basis, die Wurzel, aus der alles Weitere erwächst. Es gibt wirklich keinen Grund, warum du ausgerechnet dich selbst von all den Menschen, die du kennst, am meisten vernachlässigen solltest – im Gegenteil.

Kennst du das Gefühl, fehlerhaft, minderwertig oder gar wertlos zu sein? Gut möglich, denn leider ist die Gewohnheit, sich selbst abzulehnen, weitverbreitet. Vielleicht haben wir unseren Fokus viel zu lange auf viel zu unwichtige Dinge gerichtet – wer weiß …? Höchste Zeit, das zu ändern.

Die Kombination aus Empathie und einem Mangel an Selbstmitgefühl macht uns anfällig für Ängste und Sorgen. Sie öffnet Energieräubern die Tür. Lass das nicht zu. Schließe die Tür, indem du deinen Fokus auf deine eigenen Bedürfnisse und nicht auf die anderer Leute lenkst. Richte deine Aufmerksamkeit nicht nach außen, sondern nach innen. Was brauchst du, um glücklich zu sein?

Wenn du nicht liebevoll zu dir selbst sein kannst, wirst du dich nie so richtig wohl in deiner Haut fühlen. Du kannst dann nicht du selbst sein und wirst den falschen Zielen und Menschen hinterherlaufen. Nicht zuletzt wird es dir sehr schwer fallen, Nein zu sagen, wenn andere in deinen persönlichen Raum eindringen.

Schließe Freundschaft mit dir selbst

Du bist du und darfst es sein. Jeder Mensch ist wertvoll – auch du! Jeder Mensch hat seine eigene Geschichte. Verschiedene Umstände haben ihn an den Punkt gebracht, an dem er heute steht und von dem aus er sich weiterentwickeln und wachsen wird. Das ist bei dir ganz genauso. Und ebenso wie alle anderen Menschen hast auch du Stärken und Schwächen. Genau wie alle anderen fühlst du dich manchmal unzulänglich und unvollkommen – das alles ist völlig normal. Doch während manche von uns das tatsächlich als normal empfinden, gibt es auch viele, die sich deshalb so sehr abwerten, dass sie die Verbundenheit mit sich selbst verlieren. Und falls du sehr sensibel und empathisch sein solltest, bist du, was dies betrifft, besonders gefährdet.

»Dieses Problem lass ich bei dir« ist eine Haltung der Gelassenheit, durch die du nicht nur anderen ermöglichst, ihre eigenen Schwierigkeiten in den Griff zu bekommen, sondern auch dich selbst davor schützt, dein Gleichgewicht zu verlieren. Abgrenzung ist immer auch ein Ausdruck von Selbstmitgefühl.

Bleib dir selbst treu. Steh für deine Werte ein. Das heißt natürlich nicht, dass du inflexibel wirst oder mit dem Kopf durch die Wand sollst. Selbstabgrenzung ist Selbstschutz, und das hat nichts damit zu tun, unhöflich zu werden oder Streitereien zu provozieren.

Bleib freundlich. Bleib bereit, dich anderen anzunähern. Aber sag nicht Ja, wenn du ein Nein fühlst. Du bist du und darfst es sein.

Liebe dich selbst und das ohne schlechtes Gewissen! Mit Egoismus oder Narzissmus hat das wie gesagt nichts zu tun. Selbstliebe heißt ja nicht etwa, dass du dir nun auf die Schulter klopfst, dich besonders toll findest, arrogant wirst oder dich anderen Menschen überlegen fühlst. Im Gegenteil: Selbstliebe ermöglicht es dir, sanftmütig und offen zu bleiben. Sie macht dein Herz für die Probleme anderer empfänglich, wodurch du mehr Mitgefühl entwickelst, allerdings ohne dich deshalb in fremden Dramen zu verlieren.

Auf der ganzen Welt gibt es keinen Menschen, der dir so nah steht wie du selbst. Ein guter Grund, dich selbst respektvoll, wertschätzend und freundlich zu behandeln. Und auch ein guter Grund, dich mit dir selbst anzufreunden. Werde dein eigener bester Freund – ein Freund, auf den du dich hundertprozentig verlassen kannst und der dich bedingungslos akzeptiert.

Freundlich und nachsichtig mit dir selbst umzugehen, heißt nicht, dass du andere im Stich lässt, sondern dass du auf achtsame Weise helfen kannst, sofern deine Hilfe wirklich benötigt wird. Wenn du deine eigene beste Freundin oder dein eigener bester Freund bist, wirst du deine Zeit und deine Lebenskraft nicht länger dafür opfern, dich mit Angelegenheiten zu belasten, die du ohnehin nicht ändern kannst.

PRAXIS

ENTWICKLE SELBSTLIEBE

Hast du je gelernt, wie man das eigentlich macht, gut für sich selbst sorgen? Möglicherweise hat dir nie jemand gezeigt, wie Mitgefühl und Selbstliebe »funktionieren«, als du noch ein

Kind warst. Das wäre natürlich schade und auch sehr traurig. Es bringt aber nichts, in der Vergangenheit nach Schuldigen zu suchen. Da du kein Kind mehr bist, solltest du *jetzt* lernen, gut für dich selbst zu sorgen und dich in Liebe anzunehmen. Und wie so oft heißt »Lernen« vor allem »Üben«. Im Folgenden findest du daher ein kleines »Übungsprogramm« in Sachen Selbstfürsorge:

- Ebenso wie alle anderen Menschen hast du nicht nur Stärken, sondern auch Schwächen. Du machst Fehler, triffst falsche Entscheidungen, und sicher wird in deinem Leben öfter mal das eine oder andere schieflaufen. Mache dir klar, dass dies vollkommen okay so ist. Geh nachsichtig mit dir um: Drück ein Auge zu, und nimm die Dinge nicht auf die schwere, sondern auf die leichte Schulter.
- Mach öfter etwas, was du magst. Geh nicht ins Theater, weil andere das von dir erwarten, sondern nur, wenn du wirklich Lust dazu hast. Verwöhne dich, genieße dein Leben, gönne dir ein schönes Essen, ein gutes Buch, einen kleinen Ausflug, eine Massage oder was immer dir Freude macht. Schon möglich, dass das Leben nicht immer ein Zuckerschlecken ist – aber lass es auch nicht zu einem Pflichtprogramm werden.
- Achte auf deine Grenzen nicht nur in Bezug auf andere Menschen, sondern generell. Bleib in deiner Mitte. Achte bei allem, was du unternimmst, darauf, deine Balance zu wahren, und pass gut auf dich auf. Schlaf nicht zu kurz, arbeite nicht zu lang, beweg dich nicht zu wenig und so weiter.
- Gib dir die Erlaubnis, du selbst zu sein. Erlaube dir, Fehler zu machen, manchmal etwas Dummes zu sagen oder unachtsam zu sein. Vergleiche dich nicht mit anderen, und

versuch nicht, dich zu verstellen. Sei einfach so, wie du bist. Tappe nicht in die Falle, zu glauben, dass du erst noch alles Mögliche verändern musst, um »gut genug« zu sein. Du bist längst gut genug. Die Menschen und Dinge sind so, wie sie sind – begegne ihnen und vor allem auch dir selbst entspannt und achtsam.

- Frag dich öfter einmal: »Was brauche ich gerade?« Öffne dich für deine Bedürfnisse: Schlafen? Trinken? Naschen? Reden? Schweigen? Meditieren? Laufen? … Was täte dir jetzt gut?
- Sag niemals Ja, wenn du Nein meinst.
- Bleib mit dir selbst verbunden. Bleib in gutem Kontakt zu deinen Werten, deinen Träumen, deiner Sehnsucht. Fühle deine Gefühle, und spüre deinen Körper. Werde dir deiner Lebendigkeit bewusst, und lass dich nicht auf eine Rolle reduzieren.

Du musst es nicht allen recht machen

Der Weg zu mehr Achtsamkeit und einem bewussteren Leben beginnt da, wo man anfängt, es sich selbst »recht zu machen«. Dazu gehört die Entscheidung, gut für sich zu sorgen, für seine Interessen einzutreten und möglichst ideale Voraussetzungen zu schaffen, um glücklich zu werden. Dass diese günstigen Ausgangsbedingungen nicht im Außen zu finden sind, muss aber jeder selbst entdecken. Und wer auf der Suche nach einem schöneren Haus, einem besseren Job, einem schnelleren Auto und dem

»idealen Partner« ist, wird wohl noch eine Weile brauchen, um herauszufinden, dass Glück keine Frage äußerer Umstände, sondern vielmehr innerer Zufriedenheit ist. Das alles ist jedoch gottlob nicht dein Problem.

Tritt für deine eigenen Interessen ein, nimm dich selbst wichtig, und wende dich deinen eigenen Problemen zu. Falls du dich lange, ja, vielleicht sogar schon seit vielen Jahren an den Bedürfnissen anderer orientierst und dich selbst vernachlässigt hast, kommt es dir möglicherweise selbstsüchtig vor, der eigenen Person mehr Achtsamkeit zu schenken. In den bisherigen Kapiteln haben wir mehrfach betont, dass Selbstfürsorge nichts mit Egoismus zu tun hat. Zusätzlich helfen dir vielleicht noch zwei Gedanken, dich aus alten Mustern zu befreien:

Deine Aufgabe ist es nicht, dich für andere aufzugeben, um ihnen alles recht zu machen. Deine Aufgabe ist es, für dich selbst da zu sein und glücklich zu werden.

- Wie viele Menschen gibt es eigentlich, die sich für dich aufopfern?
- Würdest du von jemand anderem erwarten, dass er seine Interessen aufgibt, sich selbst ignoriert und seine Gefühle unterdrückt, nur um es dir recht zu machen?

Ist dir schon mal aufgefallen, dass es durchaus Leute gibt, die kein großes Problem damit haben, sich abzugrenzen und sich um ihre eigenen Belange zu kümmern? Gerade Energieräuber sind ja selten zartbesaitet. Lass dich von ihnen nicht manipulieren und für ihre Zwecke einspannen. Übernimm selbst die Kontrolle. Aber hab Geduld, denn falls du dazu erzogen wurdest, dich selbst nicht wertzuschätzen und vor allem »nett« zu erscheinen, kann es eine Weile dauern, bis es dir gelingt, deine Perspektive zu korrigieren.

Wir hoffen, dass unsere Zeilen dich inspirieren und dir einen kleinen, sanften Schubs geben können. Doch du musst dich letztlich selbst auf den Weg machen, um deine Sichtweise zu ändern. Mach dir darum immer wieder bewusst,

- dass du nicht da bist, um es allen recht zu machen;
- dass du nicht für alles offen sein und dir nicht jede Meinung zu Herzen nehmen musst;
- dass es völlig unmöglich ist, allen oder auch nur einigen wenigen Menschen gerecht zu werden; ganz egal, wie sehr du dich bemühst, irgendjemand wird immer etwas an dir auszusetzen haben;
- dass du auf andere unattraktiv und langweilig wirkst, wenn du zu angepasst bist, keine eigenen Überzeugungen hast und nicht für dich selbst eintrittst.

Verbringe deine Zeit nicht mit jedem x-Beliebigen. Gib dich nicht mit Energieräubern ab. Triff keine Leute, die du nicht magst oder bei denen du dich verstellen musst. Die richtige Gesellschaft ist wichtiger, als du glaubst, denn jeder Mensch beeinflusst dich durch seine Ausstrahlung. Negative Gedanken sind ansteckend. Pflege deine echten Freundschaften. Komm mit Menschen zusammen, mit denen du dich entspannen kannst und von denen du dich verstanden fühlst.

Keine Angst vor fremden Erwartungen

Wer hohe Erwartungen hat, ist selbst schuld. Es ist menschlich, viele Erwartungen zu haben, sehr weise ist es aber nicht. Wir erwarten ein sonniges Wochenende, aber es regnet. Wir erwarten ein schönes Hotel, aber es ist eine billige Absteige. Wir erwarten, dass unser Partner die Küche aufräumt, macht er aber nicht.

Wenn du ein sicheres Rezept brauchst, um unzufrieden zu werden, dann schraub deine Erwartungen möglichst hoch. Da weder das Wetter noch andere Menschen oder das Leben sich um deine Erwartungen scheren, wird die Enttäuschung umso größer sein, je größer deine Erwartung war.

Möchtest du Stress abbauen und glücklich sein, dann lass deine Erwartungen los. Lass dich vom Leben überraschen, bleib offen und achtsam. Achtsam zu sein, bedeutet, dass du es zwar registrierst, wenn bestimmte Erwartungen auftauchen, ihnen aber nicht allzu viel Beachtung schenkst. Noch weniger aber solltest du den Ansprüchen anderer Menschen allzu viel Beachtung widmen.

Du hilfst dir selbst und anderen am meisten, wenn du dir bewusst machst, was du willst. Nicht, was du *sollst*, sondern was du *willst*!

Wenn andere bestimmte Erwartungen an dich haben, so ist das ihr Problem. Du bist erwachsen. Niemand zwingt dich, dein Leben nach fremden Ansprüchen auszurichten. Schon möglich, dass sie dich gern anders hätten. Dann werden sie wohl enttäuscht sein, wenn du dich nicht nach ihren Vorstellungen verhältst. Jeder Enttäuschung geht jedoch eine Täuschung voraus, und für die Fantasien und Erwartungen deiner Mitmenschen bist nicht du verantwortlich.

Wenn sie dadurch enttäuscht werden, dann ist das eben so. Hab keine Angst, wenn es deswegen zu Reibungen oder Konfrontationen kommt. Auf dem Weg zu echter Harmonie muss man manchmal ein paar Dissonanzen in Kauf nehmen.

Eine klare Ansage ist meist sehr reinigend. Und die Alternative – eine dauerhafte Überanpassung um des lieben Friedens willen, der ein fauler Frieden wäre – sollte ja nicht wirklich eine Alternative sein.

Falls du dazu neigst, Schuldgefühle zu entwickeln, bist du ein gefundenes Fressen für alle, die dich für ihre Zwecke einspannen wollen. Und diese Leute sind ihrerseits ziemlich gut darin, Gewissensbisse in dir zu wecken.

Das alte Spiel der Manipulation ist simpel: Jemand erzählt dir, wie arm er dran ist. Und er bittet dich, ihm bei der Lösung seiner Probleme zu helfen. Du weigerst dich, sagen wir mal, weil du keine Zeit oder Besseres zu tun hast. Und schon musst du dir anhören, wie egoistisch, undankbar oder gemein du doch bist. Oder zumindest ein dahingemurmeltes »Na ja, das hab ich mir schon gedacht«. Oft sind nicht einmal Worte nötig – da reicht schon ein tieftrauriger, enttäuschter Blick.

Lass dich nicht verunsichern von Leuten, die ungehalten auf dein freundliches »nein« reagieren. Wenn sie tatsächlich der Meinung sind, du wärest schuld daran, dass es ihnen schlecht geht, dann sollen sie das ruhig glauben. Hauptsache, du denkst nicht, du hättest versagt oder wärest »schuldig«, wenn du die Probleme eines anderen nicht löst. Das bist du nämlich keineswegs!

Wenn du auf diesen Psychotrick hereinfällst, landest du schnell in der »Schuldfalle«. Bei Kindern lässt sich diese Strategie gut beobachten: »Mama, ich brauch ganz unbedingt ein neues Handy.« – »Tut mir leid, Töchterlein. Da musst du schon warten, bis du Geburtstag hast.« – »O Mann, Mama, du bist sooo gemein. Alle anderen aus meiner Klasse haben schon ein eigenes Handy!« Dann fließen die Tränen, und bei entsprechender Veranlagung fühlt Mama sich schuldig. Womöglich fängt sie noch an, darüber nachzudenken, dass es ein Fehler (natürlich *ihr* Fehler) ist, dem Kind seinen Herzenswunsch zu verweigern.

Worüber wir bei Kindern vielleicht noch milde lächeln mögen, wird im Zusammenleben mit einem fordernden Partner, Kollegen oder Elternteil zu einer echten Belastung.

Oft sind Schuldgefühle der Auslöser, wenn wir uns zu sehr aufopfern und uns von den Problemen anderer nicht distanzieren können. Geht es dir auch manchmal so, dass du ein schlechtes Gewissen bekommst, wenn du keine Zeit für jemanden hast, dich zurückziehst oder nahestehenden Menschen ihre Wünsche nicht erfüllst?

Wann immer jemand dir ein schlechtes Gewissen machen will, sollten deine Alarmglocken läuten. Frag dich, was eigentlich das Thema ist und was du dem anderen wirklich schuldig bist. Es ist nichts falsch an dir, wenn du deine Grenzen zeigst. Steh zu deinen Entscheidungen – steh zu dir. Das ist absolut okay. Kein Richter der Welt wird dich dafür schuldig sprechen; lass daher auch deinen inneren Richter schweigen. Und denk daran, dass dir niemand wirklich ein schlechtes Gewissen machen kann. Das kannst nur du ganz allein – doch zum Glück kannst du es genauso gut auch sein lassen …

Schuldgefühle gründen auf Glaubenssätzen: Du meinst, immer verständnisvoll, lieb und für andere da sein zu müssen, weil du denkst, dass nur Menschen geliebt werden, die rund um die Uhr lieb und nett sind, und dass du nur lieb und nett bist, wenn du deine eigenen Bedürfnisse unterdrückst. Aber das ist natürlich Unsinn!

Wovor hast du Angst, wenn du Nein sagst?

Um sich selbst zu erforschen, bedarf es keiner ausgeklügelten psychologischen Tests. Frag dich einfach mal in einer ruhigen Minute, welche Ängste dich daran hindern, Nein zu sagen. Warum fällt es dir schwer, dich abzugrenzen? Welche Konsequenzen fürchtest du?

Indem du dir solche Fragen stellst, kannst du etwas Licht in die Dunkelheit unbewusst ablaufender Verhaltens- und Gefühlsmuster bringen. Und je ehrlicher du zu dir selbst bist, desto heller wird es.

PRAXIS

DREI SCHRITTE GEGEN DIE ANGST, GRENZEN ZU SETZEN

Vielleicht fällt es dir schwer, Nein zu sagen, weil du befürchtest, dann ausgegrenzt zu werden. Die Angst, ausgegrenzt zu werden, ist eine Urangst und völlig normal. »Normal« heißt, dass jeder sie hat, weil sie evolutionär tief in uns verankert ist, aber nicht, dass wir ihr hilflos ausgeliefert wären. In drei Schritten kannst du deiner Angst davor, Grenzen zu setzen, begegnen.

Schritt 1: Hinsehen

Selbsterkenntnis ist die Folge einer guten Beobachtungsgabe. Schau dir deine Ängste, »Stopp« zu sagen, einmal ganz genau an:

- Was versuchst du unbedingt zu vermeiden?
- Wem gestattest du es, deine Grenzen immer wieder zu überschreiten? Mit welchem Recht darf sie oder er das tun?
- Was lässt du dir alles gefallen, bevor du die Bremse ziehst?
- Hast du Angst, dass dein Partner dich verlassen wird, wenn du Nein sagst?
- Fürchtest du, dass deine Eltern oder Kinder den Kontakt abbrechen werden, wenn du dich in Zukunft mehr deinen eigenen Wünschen zuwendest?
- Hast du Angst, von Kollegen oder Bekannten gemieden oder abgewiesen zu werden? Oder davor, dass man dich nicht mehr »liebt«?
- Befürchtest du, dass dein gutes Image leiden könnte, wenn du selbstbewusster und authentischer aufträtest?

Schritt 2: Zulassen

Angst ist kein Problem. Angst ist einfach nur Angst: ein Gefühl, das kommt, eine Weile bleibt und dann wieder verschwindet. Spüre deine Angst – lass die Wellen kommen, und schau ihnen achtsam zu: »Sieh an, da ist ja wieder die Angst vor Ablehnung. Mal sehen, wie stark sie heute ist.«

Untersuche deine Angst. Stell dich ihr, und »analysiere« sie: Erforsche sie wie ein Wissenschaftler. Wie fühlt Angst sich überhaupt an? Spürst du sie im Bauch? Atmest du schneller oder flacher als sonst? Ziehst du die Schultern hoch, und sind deine Hände feucht – oder ist die Angst nur wie ein Hauch, der ein leichtes Unwohlsein in dir auslöst?

Was immer du spürst: Bewahre etwas Abstand, etwas Klarheit. Lass die Angst durch dich hindurchziehen. Schau ihr ins Gesicht, aber lass dich nicht darauf ein, auf sie zu reagieren, indem du »sicherheitshalber« Ja zu etwas sagst, zu dem du viel lieber Nein sagen würdest.

Schritt 3: Reality-Check

Hier sind noch ein paar abschließende Fragen, die du dir stellen solltest:

- Was ist das Schlimmste, was passieren könnte, wenn du in einer entsprechenden Situation für dich selbst einstündest?
- Wie wahrscheinlich auf einer Skala von 0 bis 10 ist es, dass das wirklich passiert?
- Könntest du trotzdem gut leben mit der Konsequenz, dass andere Menschen ablehnend oder »nicht erfreut« reagieren?
- Wird die Reaktion anderer Menschen nicht vielleicht sogar positiv ausfallen, wenn du dich auf eine ehrliche, freundliche und mitfühlende Weise abgrenzt?
- Wie könnte eine positive Reaktion aussehen?

Das Selbstwertgefühl stärken

Der übertriebene Drang, anderen helfen zu wollen, lässt uns so sehr mit deren Problemen identifizieren, dass wir unsere eigenen Bedürfnisse irgendwann nicht mehr spüren. Das nennt man dann »pathologischen Altruismus«, also »krankhafte Nächstenliebe«. Und die gründet immer auf einem schlechten Selbstwertgefühl.

Dein Selbstwertgefühl hängt davon ab, welches Bild du von dir selbst hast. Bist du dir bewusst, dass du ein einmaliger Mensch mit vielen Fähigkeiten und großartigen Möglichkeiten bist? Oder siehst du eher jemanden, der klein, unbedeutend und minderwertig ist, wenn du in den Spiegel schaust?

Wie steht es um dein Selbstwertgefühl? Was ist dir deine Zeit wert? Was sind dir deine Werte wert? Was bist du dir selbst wert?

Was du über dich denkst und wie du dich selbst siehst, hat einen starken Einfluss auf deine Gefühle und insbesondere auf dein Selbstwertgefühl.

Leider gibt es viele Faktoren, die Gift für das Selbstwertgefühl sind, warum ja auch so viele Menschen darunter leiden, dass sie sich selbst nicht wertschätzen können. Als Kinder sind wir völlig darauf angewiesen, dass unser Selbstwertgefühl von außen genährt wird – aber ganz ehrlich: Wie viele Eltern gibt es schon, die ihre Kinder wirklich *sehen*, die sie wirklich wahrnehmen, sie wirklich bedingungslos lieben und akzeptieren und sie immer wieder darin bekräftigen, dass sie wertvolle Menschen sind? Oder wie viele Lehrer*innen? Nicht sehr viele, oder?

Wenn du als Kind zu wenig Beachtung und Aufmerksamkeit bekommen hast und/oder oft kritisiert wurdest, kann das ein wichtiger Grund dafür sein, dass du ständig im Außen nach Anerkennung suchst und viel zu viel Wert darauf legst, was andere über dich denken.

Ein geringes Selbstwertgefühl führt dazu, dass du dich allzu oft mit anderen vergleichst, dass du dir nicht zu schade dafür bist, toxische Beziehungen einzugehen, und im Job dazu neigst, dein Licht unter den Scheffel zu stellen.

Nicht zuletzt ist mangelndes Selbstwertgefühl aber auch der Grund dafür, dass du den Problemen anderer Menschen zu viel und deinen eigenen zu wenig Bedeutung beimisst.

Steck nie zu viel Energie in das Außen. Bemüh dich nicht um die perfekte Hülle. Konzentrier dich auf das, was unter der Hülle steckt. Verbinde dich mit deiner inneren Quelle, und mach dein Glück nicht davon abhängig, ob andere dich wertschätzen, sondern werde dir selbst deines Wertes bewusst.

Es gibt einige Möglichkeiten, das eigene Selbstbewusstsein zu steigern. Zum Beispiel kannst du eigentlich immer stärker an deine Fähigkeiten glauben, als du es gerade tust. Rede dir nicht ein, dass du etwas nicht kannst, was du im Grunde locker schaffen würdest, wenn deine Gedanken und Glaubenssätze dich nicht daran hinderten. Verändere dein Denken, und du veränderst dein Selbstbild.

Eine andere Möglichkeit besteht darin, dass du dein Leben selbst in die Hand nimmst. Solange du nämlich passiv bleibst und die Dinge geschehen lässt, hast du keinen Einfluss – und darunter leidet dein Selbstwertgefühl. Sobald du aber mutiger wirst und öfter die Initiative ergreifst, wirst du die Erfahrung machen, dass du dein Leben selbst aktiv gestalten kannst. Und das gilt sogar dann, wenn du dich aktiv dazu entscheidest, dem Schicksal seinen Lauf zu lassen …

Selbstwirksamkeit weckt sehr positive Gefühle und hilft dir dabei, dein Selbstbewusstsein zu steigern. Das wirklich Entscheidende ist jedoch, dass du deinen Wert *selbst bestimmst.* Ob etwas wertvoll für dich ist oder nicht, entscheidest du. Du ganz allein gibst den Dingen ihren Wert. Und nur du kannst dir selbst den Wert geben, den du verdienst, indem du beginnst, dich wertzuschätzen.

Dein wirklicher Wert liegt nicht in dem, was du besitzt oder vorgibst, sondern in dem, was du bist: nicht im Schein, sondern im Sein. Dein Wert gründet darauf, dass du ein Mensch bist und die Fähigkeit hast, bewusst zu leben, zu lieben und dein inneres Potenzial zu entfalten. Das Wichtigste von allem aber ist die Liebe. Was immer wir von Herzen lieben, das ist für uns von unschätzbarem Wert. Wenn es dir gelingt, ganz zu dir zu finden und dir selbst Liebe und Mitgefühl zu schenken, wirst du nie wieder unter einem geringen Selbstwertgefühl leiden.

PRAXIS

MÖGE ICH GLÜCKLICH SEIN – HERZMEDITATION II

Wie kannst du lernen, dich selbst zu lieben? Zum Beispiel dadurch, dass du gut für dich sorgst, dich samt deiner Schwächen akzeptierst, dich und deine Fehler nicht zu ernst nimmst und liebevoll mit dir selbst sprichst – so als würdest du mit einem Kind sprechen: nämlich mit deinem inneren Kind, dem Teil von dir, der deine kindlichen Erfahrungen repräsentiert.

Darüber hinaus gibt es aber eine effektive Methode, Selbstliebe gezielt zu kultivieren. Nimm dir regelmäßig etwas Zeit für eine kurze Meditation, bei der du deinen Fokus darauf richtest, dir selbst das Beste zu wünschen. Durch dieses kleine Wunschgebet »segnest« du dich gewissermaßen, und du erfüllst deinen Geist und dein Herz mit Liebe. Du bittest für dich selbst um Glück und Schutz.

Falls dir diese Meditation anfangs fremd erscheint, ist das ganz normal. Wir möchten dir aber raten, etwas Geduld zu haben, neugierig zu bleiben und dieser Methode eine Chance zu geben. Dann wird sich dein Herz schon bald mehr und mehr öffnen, und du wirst lernen, mitfühlender mit dir selbst umzugehen:

- Setz dich bequem auf den Boden oder auf einen Stuhl. Achte darauf, die Wirbelsäule aufrecht zu halten. Schließe die Augen, entspanne das Gesicht und die Schultern.
- Atme einige Male tief durch. Entspanne deinen Körper. Lass deine Alltagsgedanken zur Ruhe kommen.
- Beginne nun mit der eigentlichen Herzmeditation:
  - Leg deine Handflächen auf die Mitte deiner Brust, und fokussiere dich auf dein Herz. Spür die Wärme deiner Hände, und schenk dir selbst Mitgefühl.
  - Während du einatmest, denkst du die Worte: »Möge ich …«
  - Beim Ausatmen denkst du: »… glücklich sein.«
  - Mit dem nächsten Einatmen denkst du: »Möge ich …«
  - Beim Ausatmen denkst du: »… frei von Angst und Leiden sein.«
  - Beim dritten Einatmen denkst du: »Möge ich …«
  - Und beim Ausatmen denkst du: »… mich so lieben und annehmen, wie ich bin.«

- Wiederhole diese drei Formeln im Rhythmus deines Atems sanft und entspannt. Sprich die drei Sätze in Gedanken immer wieder. Spür dabei die Wärme deiner Hände auf der Brust.

Wie bei jeder Meditation wird es auch hier nicht lange dauern, bis deine Gedanken abschweifen. Du wirst dich immer wieder dabei ertappen, dass du an Vergangenes denkst, in deinem Kopf Pläne schmiedest, Selbstgespräche führst oder Tagträumen nachhängst. Das ist ganz normal und Teil der Meditation. Sobald du bemerkst, dass dein Geist nicht mehr bei der Sache ist, kehrst du einfach geduldig zu deinem Atemrhythmus zurück und wiederholst innerlich die drei Sätze.

Bewahre die Ruhe, entspanne deinen Körper, lass alle Erwartungen los, und beobachte einfach, was geschieht.

Probleme sind Entwicklungshelfer

In unserem Buch ist viel von Problemen die Rede – kein Wunder, das Wort steht ja sogar im Titel. Aber was ist ein Problem eigentlich wirklich? Ist es nicht nur eine Gedankenkonstruktion: eine Interpretation bestimmter Umstände und Situationen? Gibt es so etwas wie ein Problem überhaupt, wenn wir es nicht erschaffen?

Von einem Problem sprechen wir, wenn unsere Wünsche und Vorstellungen von den Tatsachen abweichen. Wären wir im Einklang mit dem, was *ist*, dann gäbe es in uns keine Widerstände und somit auch keine Probleme. Und selbst dann, wenn wir das, was ist, nicht akzeptieren können, zwingt uns niemand, schwierige Ereignisse als Probleme anzusehen.

Vieles wird leichter, wenn du ein Problem nicht als solches, sondern als »Herausforderung« oder »Einladung« bezeichnest.

Deine inneren Widerstände, die du »Probleme« nennst, laden dich entweder dazu ein, die Wirklichkeit deinen Vorstellungen entsprechend zu beeinflussen, dich selbst an die Wirklichkeit anzupassen oder einfach mit der Wirklichkeit widerstandslos zu fließen. Sie laden dich mit anderen Worten dazu ein, etwas zu *verändern* oder es *loszulassen*.

Was du nicht ändern kannst, weil du keinen Einfluss darauf hast, das solltest du so schnell wie möglich dahinziehen lassen. Wenn du das aber nicht kannst, weil du dich zu sehr nach einer Veränderung sehnst, dann musst du eben alles versuchen, um es zu verändern – und dann darfst du nicht zu schnell aufgeben. Es kann natürlich passieren, und das kommt nicht selten vor, dass du schließlich trotzdem feststellen musst: Es ist einfach nichts zu machen. Und all deine Bemühungen verändern die Wirklichkeit nicht in deinem Sinne. So musst du dann das Problem wohl oder übel doch loslassen. Und das ist nichts Schlimmes. Es ist kein Versagen, sondern eine intelligente Reaktion.

Ohne Herausforderungen keine Entwicklung

Egal, ob du es mit deinen eigenen oder den Problemen anderer Menschen zu tun hast: Probleme sind nichts Schlechtes, nichts, wovor du weglaufen oder was du so schnell wie möglich »beseitigen« musst. Denn jedes Problem bietet die Chance, innerlich zu wachsen. Es fordert dich heraus, entweder *dich* oder *etwas* zu bewegen.

Probleme konfrontieren uns mit der einfachen Wahrheit, dass wir meist erst dann bereit sind, unser Leben zu ändern, wenn etwas »wehtut«.

Das ist die »Weg-von«-Motivation. Sie ist ein klarer Indikator dafür, dass Handlungsbedarf besteht, weil etwas im Leben schiefläuft. Zum Beispiel warnt dich dein Arzt, dass du bald einen Herzinfarkt bekommen wirst, wenn du nicht sofort zu rauchen aufhörst und anfängst, dich mehr zu bewegen und gesünder zu ernähren. Da du noch nicht sterben willst, schmeißt du die letzte Zigarettenschachtel in den Müll, machst jeden Tag einen langen Spaziergang und legst einen Haufen Gemüse in den Einkaufswagen. Das ist eine typische »Weg-von«-Motivation: Du willst »weg von« dem Risiko, einen Herzinfarkt zu erleiden.

Im Gegensatz dazu gibt es auch die »Hin-zu«-Motivation. Sie entsteht aus einem positiven inneren Antrieb: aus Begeisterung oder Lust. Du ernährst dich gesund, gehst spazieren und hörst auf zu rauchen, aber nicht, weil dein Arzt dich gewarnt hat, denn du bist kerngesund. Du hast einfach nur Lust, dich mehr zu bewegen, dich leichter und wohler zu fühlen oder fitter zu werden. Diese positive Form der Motivation ist seltener anzutreffen. Aber beides sind Motivationen, also »Beweger«. Mit einem ordentlichen Problem im Gepäck kommen die meisten von uns jedoch schneller in Fahrt, denn ein Problem erzeugt Druck, der zum Handeln oder Umdenken zwingt.

Jedes Problem lädt dich zu der Überlegung ein, wie du es bewältigen kannst. Und jedes Problem, das ein anderer Mensch hat, lädt ihn dazu ein, darüber nachzudenken, wie er es zu lösen oder loszulassen vermag. Es ist also nicht dein Job, anderen ihre Probleme abzunehmen! Und letztlich heißt das sogar, dass du ihnen eine Wachstumschance rauben würdest.

Probleme fördern inneres Wachstum. Deine Probleme fördern deins und die der anderen ihr inneres Wachstum. Ohne Herausforderungen gibt es keine Entwicklung. Ohne Hindernisse könnten wir unsere Kräfte nie entfalten. Wenn kleine Kinder nicht tausendmal hinfielen und sich wieder aufrappelten, würden sie nie laufen lernen.

Die Probleme, von denen wir hier sprechen, beziehen sich ausschließlich auf psychologische Themen, die für unsere Gesellschaft typisch sind. Hungersnöte, Kriege und Katastrophen, wie sie in anderen, auch relativ nahen Teilen der Welt oder bei uns vorkommen – man denke nur an die Flutkatastrophe im Ahrtal oder etwa die zunehmende Dürre in Deutschland –, stellen die Menschen vor Ort vor so gewaltige Probleme, dass wir uns das nicht einmal vorstellen können. Menschen, die es mit lebensbedrohlichen Katastrophen zu tun haben, geht es natürlich nicht um »inneres Wachstum«, denn ihre Sorgen sind sehr viel existenzieller als unsere.

Wenn du anderen wirklich helfen willst, ihre Probleme auf eine heilsame Art zu bewältigen, dann hilf ihnen, die Idee loszulassen, dass Probleme nur irgendwie »weggemacht« werden sollen. Hilf ihnen, zu erkennen, dass jedes Hindernis auch einen Sinn hat und dass jede Krise immer auch eine Chance bietet. Es sind unsere Herausforderungen, die uns neue Wege gehen lassen. Solange wir nur bleiben, wo wir es uns gerade bequem gemacht haben, können wir nie über uns selbst hinauswachsen.

Das heißt aber nicht, dass nicht grundsätzlich dasselbe gilt. Ist es besser, Hungernde auf Dauer mit Nahrung zu versorgen oder ihnen zu helfen, dass sie selbst Nahrung erzeugen können? Ist es besser, Dürstenden mit stetigen Wasserlieferungen zu helfen oder es ihnen zu ermöglichen, dass sie einen Brunnen bauen? Existenzielle Probleme erlauben keinen Aufschub. Und diese Probleme nur oberflächlich zu entfernen, ist eben auch nur ein Aufschub und keine Lösung.

So ernst existenzielle Probleme auch sind: Mach dir bewusst, dass es großartig ist, wenn du helfen willst, aber auch, dass die Probleme anderer deswegen nicht deine Probleme sind. Das heißt nicht, dass dir Probleme aus mehr oder weniger weit entfernten Teilen der Welt gleichgültig wären oder du egoistisch sagst: »Da mach ich die Augen zu.« Nein – dass es nicht deine Probleme sind, heißt nichts anderes als das: Es sind eben nicht wirklich deine Probleme. Du hungerst nicht, du musst kein verschmutztes Wasser trinken, du musst dich nicht vor Kriegshandlungen verstecken. Was du aber tun kannst, ist handeln. Und das gelingt dir vor allem dann, wenn du nicht selbst in diesen Problemen drinsteckst. Nur wenn du stabil und gleichzeitig mitfühlend bist, kannst du anderen eine Stütze sein.

Wir wollen uns hier jedoch ausschließlich darauf konzentrieren, darüber nachzudenken, wie wir weise mit der Art von Problemen umgehen können, die uns in unserem relativ beschützten Leben betreffen, denen wir in unserem Alltag begegnen. Denn das ist ja das, was dich als Leser*in konkret interessiert.

Mein Weg, dein Weg

Anderen Menschen ihre Probleme zu lassen, ist nicht nur für dich, sondern auch für sie wichtig. Dein Wunsch, ihnen zu helfen, kann natürlich trotzdem sinnvoll sein, aber nur, sofern du auch wirklich konkret helfen und dabei selbst gelassen bleiben kannst. Oft tauchen beim Helfenwollen aber zwei Probleme auf:

- Erstens weißt du ja gar nicht genau, wie es dem anderen wirklich geht. Gerade wenn Mitleid statt Mitgefühl im Spiel ist, wirst du deine eigenen Gefühle auf den anderen projizieren. Und dann wird es passieren, dass du dich in ein Leiden hineinsteigerst, das vielleicht mehr mit deinem eigenen Leben als mit dem des anderen zu tun hat.

- Zweitens vergisst du leicht, dass in den Problemen eines anderen Menschen seine Aufgabe zu einem Entwicklungsschritt liegt, den du ihm nicht abnehmen kannst. Das Einzige, was du tun kannst, ist, ihn darin zu begleiten und zu unterstützen, seinen eigenen Weg zu gehen. Allerdings solltest du nur dann aktiv werden, wenn deine Hilfe überhaupt erwünscht ist. Und wenn das so ist, dann zeig nicht Mitleid, sondern tatsächliches, empathisches Mitgefühl.

Ganz gleich, wie sehr du jemanden liebst, der in einer Krise steckt: Lass ihm seinen Weg, lass ihm seine Erfahrung. Vielleicht kannst du beim besten Willen nicht erkennen, wozu sein Problem »gut« sein soll; aber das macht nichts. Am Ende muss jeder seinen Weg ganz allein finden. Wir sind auf der Welt, um Erfahrungen zu sammeln; und auch schwierige Erfahrungen sind wichtige Erfahrungen.

Menschen sind stärker, als wir ahnen. Selbst Schwerkranke haben gewaltige seelische Kräfte. Und oft wollen sie gar nicht, dass man versucht, ihnen ihr Leiden abzunehmen (was ja ohnehin unmöglich ist). Du brauchst also kein schlechtes Gewissen zu haben, wenn du dich zurückziehst und dem anderen sein Problem lässt. Nimm dich aus den Geschichten heraus, die nicht deine Geschichten sind. Begleite andere achtsam und mitfühlend, wenn dir das möglich ist. Aber verwechsle deinen Weg nicht mit ihrem.

Du kannst das Schicksal nicht kontrollieren

»Vertrauen ist gut, Kontrolle ist besser.« So lautet ein bekannter Spruch, den vor allem Kontrollfreaks gern zitieren. Doch sie haben unrecht. Vertrauen funktioniert nämlich immer, was man von der Kontrolle nicht gerade behaupten kann. Tatsächlich gibt es sogar nur sehr wenige Vorgänge, die du kontrollieren kannst. Das Wetter gehört schon mal nicht dazu, ebenso wenig dein Blutkreislauf oder dein Herzschlag. Du hast nicht einmal deine Gefühle im Griff, denn die führen bekanntlich ein Eigenleben – von den Gefühlen und Gedanken anderer Menschen mal ganz zu schweigen.

Ob es uns passt oder nicht, das Leben macht, was es will. Es ist kunterbunt, unberechenbar und in ständiger Bewegung, weshalb es völlig unmöglich ist, es auch nur annähernd »im Griff zu haben«. Ebenso könntest du versuchen, Wasser in deiner Hand festzuhalten oder den Wind einzufangen.

Im Grunde wünschen wir uns natürlich alle, die Kontrolle zu behalten. Es verunsichert uns sehr, wenn wir das Schiff, mit dem wir über den weiten Ozean des Lebens reisen, nicht steuern können. Der Wunsch, alles im Griff zu haben – unsere Gesundheit, unsere Beziehungen, unser Schicksal –, ist sehr menschlich. Besonders weise ist er aber nicht. Und schon gar

Wenn die Erde bebt, das Klima verrücktspielt, dein Partner dich verlässt oder du schwer krank wirst, hilft es dir nicht festzuhalten. Wann immer Unerfreuliches passiert, solltest du die Zügel aus der Hand geben, statt an ihnen zu zerren. Gib dich dem Leben hin, und überlass ihm die Führung.

nicht in schwierigen Situationen! Ganz gleich, wie sehr du dir das wünschst: Den Lauf der Dinge wirst du niemals kontrollieren können.

Das Gleiche gilt auch für den Umgang mit den Problemen nahestehender Menschen. Wenn das Schicksal zuschlägt, bist du machtlos. Jedes Festhalten verstärkt das Leiden dann nur noch.

Natürlich willst du nicht, dass deine Liebsten Probleme haben oder Schmerzen leiden. Natürlich wünschst du dir, dass es ihnen gut geht und sie glücklich sind. Doch je mehr Sorgen du dir machst, je mehr du über Lösungen nachgrübelst und je mehr Ratschläge du verteilst, desto weiter entfernst du dich vom Wesentlichen.

Bleib präsent in der Situation, und halt es aus, dass die Dinge sich nun einmal so entwickeln, wie sie es tun. Folge nicht deinem ersten Impuls. Lass dich nicht von Sorgen und innerer Unruhe antreiben, und versuch nicht, die Probleme anderer Leute »in die Hand zu nehmen«.

PRAXIS/REFLEXION

KANNST DU DIE KONTROLLE ABGEBEN?

Nimm dir kurz etwas Zeit, um über dich selbst nachzudenken. Beantworte die folgenden Fragen so ehrlich wie möglich, du machst das ja nur für dich. Auf diese Weise kannst du herausfinden, ob dein Wunsch, dich zu sehr mit den Problemen anderer zu beschäftigen, damit zu tun hat, dass es dir schwerfällt loszulassen.

Ist es dir möglich, voll und ganz zu akzeptieren, dass

- jeder selbst die Verantwortung für sein Leben trägt,
- Probleme nicht nur dich, sondern auch andere dazu auffordern, ihre Komfortzone zu verlassen und innerlich zu wachsen,
- jede Erfahrung wertvoll ist, auch wenn es eine belastende Erfahrung ist,
- du niemandem seine Erfahrungen nehmen solltest,
- Fehlentscheidungen, Misserfolge, Krankheiten, Alter und Tod zu jedem Menschenleben unvermeidlich dazugehören,
- du niemanden vor den Folgen seiner Handlungen bewahren kannst und
- loszulassen in den meisten Fällen die beste Methode ist, um mit Problemen umzugehen?

Wenn du alle Fragen mit Ja beantwortet hast, ist es dir schon sehr gut gelungen, dich vom Kontrollzwang zu befreien!

Hast du ein- oder zweimal Nein gesagt, kann es gut sein, dass dir Akzeptanz noch etwas schwerfällt.

Und falls du dreimal oder öfter Nein geantwortet hast, fällt es dir offenbar sehr schwer, den Lauf der Dinge zu akzeptieren, und du wirst sehr viel gewinnen, wenn du loszulassen lernst.

Wenn Eltern Hubschrauber fliegen

Vielleicht kennst du das Sprichwort »Kleine Kinder, kleine Sorgen – große Kinder, große Sorgen«. Ob das stimmt, ist fraglich, denn auch sehr kleine Kinder können ihren Eltern sehr große Sorgen bereiten. Es gibt wohl niemanden, der uns so nahesteht wie unsere eigenen Kinder. Sie sind besonders hilfsbedürftig, was bei ihren Eltern einen starken Beschützerinstinkt weckt – zum Glück, denn es gibt wohl nichts Traurigeres als Kinder, die von ihren Eltern »übersehen« werden und verwahrlosen.

Aber auch Eltern sollten sich fragen, ob ihre Sorgen nicht eher schaden als nützen. Übertriebene Fürsorge, das ständige Behüten der Kinder und der Drang, immer in ihrer Nähe zu sein und über ihnen zu kreisen wie ein Überwachungshubschrauber, macht aus Mama und Papa »Helikopter-Eltern«.

Helikopter-Eltern sind meist besonders engagiert und bereit, alles für ihren Nachwuchs zu tun. Sie wünschen sich nichts sehnlicher, als dass ihre Kinder glücklich und erfolgreich werden. Für sie wird jedes echte oder eingebildete Problem der Kleinen zu einer riesigen Belastung. Helikopter-Eltern haben wenig Vertrauen, und sie können ihre Kinder nicht loslassen. Auf den ersten Blick scheint die Ursache für ihre Dauerpräsenz darin zu liegen, dass sie ausschließlich das Wohl ihrer Kinder im Blick haben. Oft sind es jedoch ihre eigenen Vorstellungen und Wünsche, die hinter der Überbehütung stecken.

Es braucht etwas Mut, wenn man überfürsorglichen Eltern sagt, dass sie das Problem ihres Kindes doch einfach mal bei ihrem Kind lassen sollten. Die Reaktion kann dann sehr heftig werden – umso mehr, als man sich beim Thema »Erziehung« ohnehin auf sehr dünnem Eis bewegt. Aber was soll uns schon passieren? Wir wagen es trotzdem.

Wenn es ums Thema »Abgrenzung« geht, können Eltern viel von guten Lehrer*innen lernen. Sie leisten Hilfestellung und bieten den Kindern Hilfe zur Selbsthilfe. Ganz bestimmt aber werden sie die Mathe- oder Englischaufgaben nicht für ihre Schüler lösen. Das müssen die schon irgendwie selbst schaffen. Und natürlich werden Lehrer*innen auch keine schlaflosen Nächte haben, nur weil ihre Schüler manche Aufgaben (noch) nicht lösen können.

Deine Kinder sind auf der Welt, um zu wachsen und sich zu entwickeln. Sie machen ständig neue Erfahrungen und dehnen ihre Grenzen aus, was zwangsläufig zu Schwierigkeiten führt. Tatsächlich haben Kinder ständig Probleme – und das eingebildete Monster unter dem Bett gehört noch zu den harmlosesten. Begleite und unterstütze deine Kinder, hilf ihnen dabei, ihre Ängste loszulassen, und bekräftige sie darin, ihren eigenen Weg zu gehen. Aber versuche nicht, ihnen ihre Krisen abzunehmen, die zu einer gesunden Entwicklung nun einmal dazugehören. Mach ihre Probleme nicht zu deinen.

Sich abzugrenzen, heißt niemals, andere im Stich zu lassen – schon gar nicht die eigenen Kinder. Doch wir dürfen keinesfalls ihre Kräfte und ihr Potenzial unterschätzen, selbst mit ihren Problemen klarzukommen. Und wir sollten sie nicht daran hindern, ihr Leistungsvermögen zu entfalten.

Wachstumsschmerzen sind unvermeidbar – und manchmal ist das Einzige, was wir als Eltern »tun« können, uns zurückzulehnen und Geduld zu üben. Frag deine Kinder, ob sie deine Hilfe brauchen, zeig ihnen, dass du sie verstehst und für sie da bist – aber sag ihnen auch, wenn du Zeit für dich brauchst. Sogar kleine Kinder verstehen das schon sehr gut.

Die eigenen Grenzen auch gegenüber ihren Kindern zu beachten, fällt Eltern oft schwer. Aber wenn du dich zu sehr aufopferst, wenn du keine Zeit mehr für dich, deine Partnerschaft oder deine Freunde hast, dann wirst du schon bald überfordert sein. Und dann kann es leicht passieren, dass dein Verständnis irgendwann in Frust und Wut umschlägt, gefolgt von Schuldgefühlen, von noch mehr Aufopferung und schließlich noch mehr Überforderung und immer so weiter …

Tu dir das bloß nicht an. Und tu es auch deinen Kindern nicht an. Sorge gut für dich, denn wenn du deine Balance verlierst, wird sich das negativ auf die ganze Familie auswirken. Sag Nein, wenn es Zeit ist, Nein zu sagen. Sag Nein – aber nicht aus Gleichgültigkeit, sondern aus Liebe.

Vom Umgang mit seelisch kranken Angehörigen

Manchmal ist es recht leicht, die Probleme eines anderen Menschen bei ihm zu lassen. Zuweilen ist das aber auch sehr, sehr schwer. Beispielsweise dann, wenn jemand, der dir sehr nahe steht, seelisch leidet. In Deutschland fällt nahezu jeder dritte Erwachsene im Lauf seines Lebens einer psychischen Erkrankung zum Opfer. Auch die Zahl der Kinder und Jugendlichen, die betroffen sind, ist hoch und hat seit Corona noch einmal stark zugenommen. Es ist daher gar nicht unwahrscheinlich, dass es in deinem engsten Freundeskreis oder in deiner Familie jemanden gibt, der unter psychischen Beschwerden leidet.

Psychische Beschwerden können nur leicht und nahezu unauffällig sein – sie können aber auch zu starken Einschränkungen führen, die sich auf das ganze Leben der Betroffenen auswirken. Und je näher dir jemand steht, der seelisch leidet, desto sicherer ist es, dass seine Probleme auch zu einer großen Belastung für dich werden. Im Gegensatz zu körperlichen Erkrankungen führen seelische zudem oft zu starken Persönlichkeitsveränderungen: Der Mensch, den du heute emotional begleitest, ist nicht mehr derselbe wie der, den du einst kanntest.

Wir wollen an dieser Stelle das Problem »Depression« einmal etwas genauer ansehen, das neben Angststörungen zu den häufigsten psychischen Erkrankungen gehört, und dabei insbesondere Eltern von erkrankten Kindern ansprechen. Nichtsdestotrotz gilt fast alles, worum es in diesem Kapitel geht, auch für enge Freunde, Eltern oder Geschwister, die von einer Depression, einer Angst- oder Essstörung oder Störungen durch Alkohol- oder Medikamentenkonsum betroffen sind.

Gerade für Eltern kann es zu einem schier unlösbaren Problem werden, wenn ihre Kinder an einer Depression oder Angststörung erkranken. Ganz automatisch werden die Probleme der Kinder zu den eigenen. Zu der Sorge um den Gesundheitszustand ihrer Kinder gesellen sich noch Schuldgefühle, Selbstvorwürfe und Zukunftsängste. Die Belastungsgrenze ist dann schnell überschritten.

Wir reagieren auf die Gefühle unserer Kinder oder anderer besonders nahestehender Menschen empathisch – das heißt, dass wir fühlen, was sie fühlen. Und auch wenn das nicht so ganz stimmt, da wir eigentlich eher Gefühle fühlen, von denen wir *glauben*, dass die anderen sie haben – ihre Probleme können uns dennoch tief verunsichern: Wir machen uns Sorgen, wälzen uns die ganze Nacht schlaflos im Bett, suchen verzweifelt nach Lösungen und fühlen uns verantwortlich: »Habe ich etwas falsch gemacht? Trage ich Mitschuld daran, dass es meinem Kind so schlecht geht? Hätte ich früher reagieren müssen? …«

Eindeutige Ursachen kann man einer seelischen Erkrankung praktisch nie zuordnen. Halte dich also besser nicht lange mit solchen Fragen auf. Konzentriere dich lieber auf das Jetzt – auf die Tatsache, dass ein geliebter Mensch leidet, und auf deine Möglichkeiten, ihn mitfühlend zu begleiten, ohne das Leiden zu verdoppeln und dabei selbst auf der Strecke zu bleiben.

Ursachen zu erforschen, ist müßig. Oft ist es schlicht unmöglich, herauszufinden, wer an der Entstehung eines seelischen Problems »schuld« ist. Wer hat was wann gesagt oder getan, und welche Reaktion wurde dadurch ausgelöst? Und was ist mit anderen Faktoren, die eine (wahrscheinlich sehr viel größere) Rolle spielen? Was ist mit gesellschaftlichen Einflüssen, Zufall, Schicksal, genetischer Disposition …?

Was du jetzt brauchst, ist Achtsamkeit. Wenn ein Angehöriger an einer Depression erkrankt, bringen ihm gute Tipps nämlich gar nichts. Verzichte darauf, ihm zu raten, er möge sich »zusammenreißen«, sich mal »ein bisschen entspannen«, oder ihm zu sagen, dass sein Zustand doch halb so wild und ohnehin »alles nur psychisch« sei. Derlei Vorschläge machen das Ganze nur noch schlimmer und zeigen lediglich, dass du dich nicht in die Haut und schon gar nicht in den Gemütszustand des anderen hineinversetzen kannst.

Wenn dein Kind oder dein Partner eine depressive Phase durchlaufen, brauchst du viel Geduld und die richtige Mischung aus Achtsamkeit und Gelassenheit. Depressive Menschen ziehen sich oft vollkommen von ihrer Umwelt zurück und sehen die Wirklichkeit durch eine graue Brille, die alles sinnlos erscheinen lässt. Diese Zustände sind für Eltern schwer zu ertragen, aber mach dir auch bewusst, dass eine Depression eine Erkrankung ist, die gut behandelt werden kann.

Es gibt aber einiges, was du tun kannst, um deinem Kind und dir selbst zu helfen. Das Meiste davon trifft übrigens auch auf andere nahestehende Menschen wie deinen Partner, gute Freunde, Eltern und so weiter zu:

- Bewahre die Ruhe. Auch wenn dein Kind sehr abweisend ist, solltest du verstehen, dass das mit seinem Leiden zu tun hat. Nimm es nicht persönlich. Und wende dich nicht ab, denn im Grunde braucht dein Kind dich im Moment mehr als je zuvor.
- Nimm dein Kind ernst, und zeig ihm, dass du präsent bist. Durch Sätze wie »Ich bin für dich da«, »Es ist okay, dass es dir im Moment nicht so gut geht«, »Wir schaffen das gemeinsam« oder »Du bist mir wichtig« kannst du dein Kind am besten unterstützen. Und mehr noch als viele Worte hilft oft eine liebevolle Umarmung.
- Du bist nicht die Therapeutin oder der Therapeut deiner Kinder. Wie bei allen schweren Erkrankungen solltest du so schnell wie möglich fachkundige Hilfe einholen, wenn dein Kind sehr leidet. Bricht sich dein

Kind den Arm, kommst du ja auch nicht auf die Idee, da erst einmal selbst herumzudoktern (außer wenn du zufällig ein Doktor bist).

- Achte gut auf dich selbst! Psychische Erkrankungen von Angehörigen können dir jegliche Energie rauben. Sie können das Gefühl, versagt zu haben, in dir wecken und dazu führen, dass du dich hilflos und ohnmächtig fühlst. Auch das ist ein guter Grund, das Problem möglichst schnell in professionelle Hände zu übergeben.

*Sich abzugrenzen, heißt loszulassen. Und loszulassen heißt, dass du die Verantwortung abgibst. Wenn es sich um ein Problem handelt, mit dem der Betroffene gut allein fertigwerden kann, gib die Verantwortung an ihn ab. Und wenn es um ein ernstes Problem geht, das nicht allein bewältigt werden kann, dann gib die Verantwortung an entsprechende Therapeut*innen ab. Wirf Ballast ab und befreie dich von der Vorstellung, alles im Griff haben oder für alles zur Verfügung stehen zu müssen.*

Vertraue darauf, dass dein Kind (dein Partner oder dein Freund) bei einer geschulten Therapeutin gut aufgehoben ist – so wie es mit einer Blinddarmentzündung bei einem Chirurgen in guten Händen wäre. Befreie dich von der Vorstellung, Ängste, Depressionen oder Essstörungen heilen zu können. Da du das auf keinen Fall kannst, solltest du es auch gar nicht erst versuchen.

Probleme achtsam loslassen

Bist du in deinem Leben oft gestresst, weil dir manchmal einfach alles zu viel wird? Fühlst du dich in deinem Job oder Privatleben häufig überfordert? Fällt es dir schwer, den Kopf freizukriegen, und belastet es dich, wenn du dich nicht nur mit deinen, sondern auch noch mit den Problemen anderer herumschlagen musst? Hast du Schwierigkeiten damit, auf dich zu achten und dich abzugrenzen?

Obwohl wir dich nicht persönlich kennen, sind wir uns ziemlich sicher, dass du einige dieser Fragen mit Ja beantwortet hast. Das ist allerdings auch nicht schwer zu erraten: Einerseits gibt es heute kaum noch jemanden, der nicht unter Stress leidet; andererseits hast du ja wahrscheinlich auch genau deshalb zu diesem Buch gegriffen, weil es dir nicht gerade leichtfällt loszulassen.

Hinter deinem – vielleicht uneingestandenen – Wunsch, die Verantwortung für fremde Probleme abzugeben, verbirgt sich auf

Folge der Stimme deines Herzens. Folge der Sehnsucht, die tief aus deinem Inneren zu dir spricht. Das ist der einzige Weg, der dich zu Glück, Klarheit und Freiheit führen wird. Mit schwerem Gepäck wirst du auf diesem Weg nicht weit kommen, deshalb musst du bereit sein, Ballast abzuwerfen. Achtsamkeit wird dir helfen, dich auf eine sanfte Weise von Problemen, Überforderung und Sorgen zu befreien.

tieferer Ebene noch etwas anderes: Im Grunde wünschst du dir, frei zu sein. Du wünschst dir mehr Leichtigkeit und Lebensfreude und sehnst dich danach, du selbst sein zu können, ohne dich verstellen oder es jedem recht machen zu müssen. Und sofern wir da richtigliegen, fragt sich, wie du dieses Ziel erreichen kannst.

Die Antwort ist an sich einfach: Wenn du glücklich sein willst, musst du lernen, all das ziehen zu lassen, was dich unglücklich macht. Und Probleme sind auf jeden Fall das Erste, was du loslassen solltest, denn besonders sie hindern dich daran, unbeschwert und frei zu sein.

> *Achtsamkeit zu praktizieren, hilft dir nicht nur, dich besser zu fühlen. Achtsamkeit kann dir gerade auch in schwierigen Situationen eine wichtige Stütze sein. Im Zustand der Achtsamkeit bist du ganz bei dir. Bei deinem wahren Selbst, nicht bei deinen Sorgen oder den Sorgen anderer. Du beginnst, genauer hinzusehen. Und statt gewohnheitsmäßig auf Belastungen mit Sorgen, Panik oder Aktionismus zu reagieren, lernst du, erst einmal innezuhalten und etwas Ruhe in die Situation zu bringen. Das ermöglicht es dir, auf eine offenere und (selbst-)mitfühlendere Weise zu reagieren.*

In den folgenden Kapiteln werden wir dir zeigen, wie du Achtsamkeit nutzen kannst, um loszulassen. Achtsamkeit ermöglicht es dir, *den Blick nach innen zu wenden*. Und wenn du dich von Belastungen und zwanghaften Verhaltensmustern befreien willst, ist das die einzig wirksame Methode.

Alltagsprobleme kannst du gut im Außen lösen. Wenn der Wasserhahn tropft, holst du die Zange aus dem Keller, und wenn dein Auto seinen Geist aufgibt, rufst du den Abschleppdienst an. Aber wenn jemand dir mit den Problemen, die er mit seinem Chef hat, in den Ohren liegt, kannst du äußerlich nicht sehr viel mehr tun, als

»Stopp« zu sagen. Und wenn deine beste Freundin einen schweren Verlust erleidet oder dein Kind keine Freunde findet, dann kommst du mit Patentlösungen schon gar nicht mehr weiter. Immer wenn du es mit psychologischen beziehungsweise emotionalen Problemen zu tun hast, solltest du den Blick nach innen wenden, denn solche Probleme kannst du nur in dir selbst und nirgendwo anders lösen.

Vom weisen Umgang mit Problemen – Der Weg der Achtsamkeit

Achtsamkeit ist nachweislich ein sehr wirkungsvolles Mittel gegen Stress. Wenn also Stress deine Krankheit ist, dann solltest du Achtsamkeit zu deiner Medizin machen. Unter Stress leidest du unter anderem dann, wenn du dich oft mit Problemen beschäftigst, ganz gleich, ob mit deinen eigenen oder mit denen anderer. Und wenn du überangepasst bist, in der Helferrolle feststeckst oder dich schlecht von übergriffigen Leuten abgrenzen kannst, verursacht das erst recht emotionalen Stress.

Die beste Art, weise mit Problemen umzugehen, besteht darin, sie loszulassen. Das gelingt aber nur, wenn du es schaffst, deinen Kopf freizukriegen. Denn dein Kopf ist der Ort, wo Stress entsteht: der Ort, an dem deine grübelnden Gedanken die Herrschaft über dein Leben übernehmen und dich von deinem wahren Selbst abschneiden.

Achtsamkeit holt dich aus deinem Kopf und lenkt deinen Blick auf die Gegenwart: auf deine sinnliche Wahrnehmung, durch die du dein Leben erst wirklich erlebst. Das ist besonders dann heilsam, wenn du viel Zeit mit Grübeln verbringst, dir oft Sorgen um andere machst oder wenn du auf der Suche nach deiner inneren Ruhe bist.

Achtsamkeit ermöglicht es dir, aus der Trance deiner Alltagsgedanken zu erwachen und etwas Abstand vom inneren Chaos zu gewinnen. Erst wenn dein Kopf klar und dein Herz leicht ist, wirst du anderen Menschen wirklich eine echte Hilfe sein können, ohne darüber deine eigenen Bedürfnisse zu vernachlässigen.

PRAXIS

EIN PAAR MINUTEN ACHTSAMKEIT – DIE GRUNDÜBUNG

Das Prinzip der Achtsamkeit stammt aus dem Buddhismus, in dem es um nichts Geringeres geht als um die Befreiung unseres Geistes vom Leiden. Kein Wunder also, dass Achtsamkeit sehr viel mehr als eine Entspannungsmethode ist. Du kannst die verwandelnde Kraft der Achtsamkeit nur erfahren, wenn du sie auch praktizierst. Durch Achtsamkeit wird es dir sehr viel leichter fallen, deine Grenzen wahrzunehmen und zu akzeptieren. Du wirst deine Gefühle deutlicher spüren. Bevor du aber übst, in schwierigen Situationen achtsam zu bleiben, ist es wichtig, einige allgemeine Erfahrungen mit Achtsamkeit zu sammeln.

Für die folgende, einfache Grundübung solltest du dir am besten täglich ein paar Minuten Zeit nehmen:

- Setz dich bequem hin, und schließe die Augen. Atme zunächst dreimal langsam und tief ein und aus.
- Richte deine Achtsamkeit jetzt auf deinen Körper. Erspüre innerlich deine Körperhaltung. Achte dann darauf, ob dein Körper sich warm oder kalt, schwer oder leicht anfühlt.
- Richte deine Achtsamkeit jetzt auf die Geräusche. Achte auf die Klänge, die von nah oder fern an dein Ohr dringen, ohne dir Gedanken darüber zu machen, was diese Geräusche verursacht. Lausche einfach nur entspannt in den Raum hinein.
- Lenke deinen Fokus zuletzt auf deine Gedanken. Schau dir die nächsten Gedanken an, die in deinem Kopf entstehen – so als würdest du dir einen Film anschauen. Egal, ob du Bilder siehst, tagträumst, innere Dialoge führst, an Vergangenes denkst und die Zukunft planst – »erwische« möglichst viele Gedanken und schau ihnen neugierig zu, ohne dich davon einfangen zu lassen. Statt in deinen Gedanken festzuhängen, ermöglicht Achtsamkeit es dir, entspannt zu beobachten, *dass* du denkst.
- Atme abschließend noch einmal tief durch und öffne die Augen dann wieder.

Prinzipien der Achtsamkeit

Und, hast du die Übung mal ausprobiert? Achtsam zu sein ist sehr einfach, stimmt's? Allerdings gibt es einige charakteristische Prinzipien, die in der Achtsamkeitspraxis wichtig sind und die du kennen solltest, da sie es dir leichter machen werden, Probleme achtsam gehen zu lassen.

Ganz im Augenblick sein

Das wohl wichtigste Prinzip der Achtsamkeit ist Gegenwärtigkeit oder genauer gesagt die Fähigkeit, sich auf das viel zitierte »Hier und Jetzt« zu fokussieren. Achtsam kannst du nämlich immer nur im aktuellen Moment sein.

Unser Leben ist eine endlose Aneinanderreihung einzelner kleiner Augenblicke, aber die meisten davon entgehen uns. Da unsere Gedanken ständig auf Reisen sind und in der Zukunft oder in der Vergangenheit herumschwirren, sind wir dauernd irgendwo anders als dort, wo unser Leben gerade wirklich stattfindet. So entsteht in unserem Kopf viel Unruhe. Du kannst jedoch schnell wieder für Ruhe sorgen, indem du dich auf das fokussierst, was du im aktuellen Augenblick wahrnimmst und fühlst – denn genau darum geht es bei der Achtsamkeit.

Achtsamkeit ist eine »Bewusstseinsgewohnheit«. Wie bei jeder neuen Gewohnheit ist es anfangs etwas schwierig dranzubleiben. Doch ebenso wie bei jeder anderen neuen Gewohnheit wird es immer einfacher, bis es dir irgendwann leichtfallen wird, gelassen und achtsam im Augenblick zu sein. Oft genügen dann schon ein oder zwei tiefe, ruhige Atemzüge, um die Stressspirale zu durchbrechen und in deine Mitte zurückzukehren.

Damit du dich mit dem gegenwärtigen Moment verbinden und im Jetzt ankommen kannst, musst du dich dazu entschließen, innezuhalten und während des Tages winzige Pausen einzulegen – je öfter, desto besser. Mache es dir zur Gewohnheit, aus dem Karussell der immerzu kreisenden Gedanken auszusteigen und den Schalter umzulegen. So kannst du deinen inneren Autopiloten deaktivieren, der dich sonst in den negativen Gedanken- und Gefühlsmustern gefangen hält.

Achtsam zu sein, ist an sich sehr leicht, aber sich immer wieder dafür zu entscheiden, achtsam zu sein, ist leider nicht ganz so einfach. Was hier hilft, ist Wiederholung. Tatsächlich besteht die eigentliche Übung der Achtsamkeit einfach nur darin, immer und immer wieder in den gegenwärtigen Moment zurückzukommen und sich im wahrsten Sinne des Wortes zu »besinnen«, den Fokus also auf deine sinnliche Wahrnehmungen zu legen.

Offen bleiben

Wenn du mit einem Problem konfrontiert wirst, besteht die Kunst der Achtsamkeit darin, zunächst alles einfach mal so stehen zu lassen. Statt sofort nach Lösungen zu suchen, anderen tröstende Ratschläge zu geben oder deprimierenden und sorgenvollen Gedanken nachzuhängen, siehst du der Tatsache ins Auge, dass die Dinge nun einmal so sind, wie sie sind.

Bleib aufgeschlossen. Beobachte genau die Situation und deine Gefühle, aber enthalte dich jeglicher Kommentare. Wir sind es gewohnt, unsere Welt in »gut« und »schlecht« einzuteilen. Vielleicht hast du die aufdringliche Stimme in dir schon bemerkt: den kleinen Richter in deinem Kopf, der entscheidet, ob das, was passiert, positiv oder negativ, okay oder nicht okay ist.

Eines der wichtigsten Prinzipien der Achtsamkeit lautet jedoch »Nicht bewerten« oder »Nicht verurteilen«. Und anfangs ist das ganz schön schwierig, denn wir sind es gewohnt, Menschen, Situationen oder auch unsere eigenen Reaktionen dauernd in Schubladen einzuordnen und zu beurteilen. Ganz ohne böse Absicht bilden wir uns re-

Bleib offen, bleib neugierig. Ganz egal, was passiert: Filtere die Wirklichkeit nicht gleich durch die Brille deiner Meinungen. Auch eine feste Meinung zu haben, ist eine Form von Festhalten. Offen zu bleiben und das, was geschieht, urteilsfrei zu betrachten, ist hingegen eine Form der Gelassenheit, die es dir leicht machen wird, loszulassen.

flexartig Meinungen zu allem und jedem. Unbewusst unterteilen wir all unsere Erfahrungen in das, was wir wollen, und das, was wir ablehnen. Da die Dinge aber entstehen und vergehen, ohne sich nach unseren Vorlieben zu richten, führen unsere Beurteilungen oft zu inneren Widerständen und damit zu Stress.

Geduld bewahren

Ebenso wie Offenheit ist auch Geduld eine Form der Gelassenheit. Und genauso wie der Offenheit steht auch der Geduld unser ängstliches Ego im Weg. Wir wollen nicht warten. Wir wollen uns nicht entspannt zurücklehnen und dem Schicksal Raum geben, um sich zu entfalten. Wir wollen, dass alles möglichst schnell geht. Doch Eile und Achtsamkeit passen nicht unter einen Hut. Du kannst nur achtsam sein, wenn du dir auch genug Zeit dafür nimmst, achtsam zu sein.

Es braucht Zeit, um eine Situation wirklich zu erkennen. Und es braucht Geduld, um Klarheit zu finden, beispielsweise Klarheit darüber, was du willst und was du nicht willst oder wie du weise mit einem Problem umgehen kannst. All das geht nicht auf die Schnelle.

Achtsamkeit lädt dich insbesondere dazu ein, sehr viel mehr Geduld *mit dir selbst* zu haben. Vielleicht hast du längst erkannt, was gut für dich wäre, und im Grunde weißt du auch genau, wie du auf Anforderungen reagieren und wie du besser nicht reagieren solltest. Doch obwohl dir das alles klar ist, klappt es einfach nicht mit der Umsetzung. Aber weißt du, was? Das geht allen so! Es ist ganz normal, dass es mit dem Handeln oft noch eine ganze Weile dauert, auch wenn der Verstand schon weit voraus ist.

Achtsamkeit zu entwickeln, dauert seine Zeit. Es dauert seine Zeit, sich selbst zu finden, und natürlich wird es dir auch nicht von heute auf morgen gelingen, dich abzugrenzen, wenn du dich jahrelang angepasst hast. Nimm dir die Zeit, die du brauchst, um zu wachsen. Bewahre die Geduld. Denn auch wenn es paradox klingt: Langsam und in Ruhe kommst du am schnellsten voran …

Den Blick nach innen wenden

Überlasse Achtsamkeit nicht dem Zufall. Warte nicht darauf, dass du schon irgendwann einmal in der richtigen Stimmung sein wirst oder eine kleine Fee dich wachküssen und dir die Augen für die Schönheit des Lebens öffnen wird. Das Gute an der Achtsamkeit ist, dass du sie lenken kannst, wohin du willst. So wie der Beleuchter im Theater die Scheinwerfer auf verschiedene Szenen auf der Bühne ausrichten kann, kannst du dein Bewusstsein jederzeit lenken – und an sich ist Achtsamkeit nichts anderes als gelenktes oder ausgerichtetes Bewusstsein.

Grundsätzlich kannst du alles, was du wahrnimmst, auch *achtsam* wahrnehmen; damit ist gemeint, dass du mit deiner Wahrnehmung ganz da bist, ohne nebenbei innere Selbstgespräche zu führen oder die nächsten Schritte in deinem Alltag zu planen.

Du kannst deine Achtsamkeit auf den Straßenlärm oder die Geräusche einer Baustelle ausrichten. Wenn du dir etwas Gutes tun willst, solltest du sie allerdings lieber auf die am Himmel vorüberziehenden Wolken oder den Gesang der Vögel im Park lenken. Möchtest du Achtsamkeit jedoch als Methode nutzen, um gelassener zu werden und mehr Klarheit für dein Leben zu finden, dann solltest du sie nach innen, also auf dich selbst richten. So wird Achtsamkeit zu einer Form der Meditation.

Für gewöhnlich beginnt die Achtsamkeitsschulung damit, seinen Atem und seinen Körper achtsam zu beobachten. »Wie fühlt sich mein Körper an? Strömt mein Atem langsam und gleichmäßig, oder ist er flach oder abgehackt? Fühlen sich meine Muskeln weich und entspannt oder eher verkrampft an?«

Den Fokus auf den eigenen Körper und die Atembewegung zu lenken, ist relativ einfach und bietet daher einen guten Einstieg. Wenn du dich ein wenig länger mit solchen Methoden befasst, wirst du lernen, deine Achtsamkeit zunehmend auch auf deine Stimmungen, Gefühle und Gedanken zu lenken. Anfangs erfordert das etwas Disziplin, da wir es nicht gewohnt sind, unseren Geist zu sammeln und nach innen zu richten. Zu Beginn mag das eine Herausforderung sein, doch gleichzeitig ist das Ganze auch so interessant, dass die meisten, die einmal ernsthaft einige Achtsamkeitsübungen ausprobiert haben (zum Beispiel die Grundübung »Ein paar Minuten Achtsamkeit« [siehe oben]), langfristig dabei bleiben, ihre Achtsamkeit zu entfalten.

Achtsamkeit ist eine Form des Loslassens. Während du mit deinem Bewusstsein bei dir selbst bleibst und deine Achtsamkeit beispielsweise auf deinen Körperempfindungen oder deinen Atembewegungen ruhen lässt, kannst du nicht gleichzeitig deine Ängste und Sorgen nähren.

Wenn du Achtsamkeit übst, solltest du darauf gefasst sein, dass immer wieder Gedanken auftauchen werden. Das macht aber nichts – im Gegenteil. Wann immer du bemerkst, dass du gedanklich abgedriftet und nicht mehr bei der Sache bist, ist das bereits wieder ein Moment der Achtsamkeit: ein Moment, in dem du dich daran »erinnerst«, wieder zur unmittelbaren Wahrnehmung des gegenwärtigen Augenblicks zurückzukehren.

Alle Achtsamkeitsprinzipien fließen letztlich in das Prinzip der Selbstbeobachtung mit ein. Während du deinen Blick nach innen richtest,

- konzentrierst du dich ausschließlich auf die Gegenwart, bleibst also mit deiner Aufmerksamkeit im Jetzt,
- bist du offen, bewertest deine Empfindungen nicht, teilst deine Erfahrungen nicht in »gute« oder »schlechte« ein, sondern beobachtest einfach nur entspannt, was immer du gerade wahrnehmen kannst,
- bewahrst du die Geduld, gerade auch dann, wenn du das Gefühl hast, dass es »nicht klappt«, und deine Gedanken dauernd kreisen. Grübeln ist okay. Hab einfach Geduld. Mit der Zeit werden deine unruhigen Gedanken ganz von selbst zur Ruhe kommen.

Loslassen

Auch das viel zitierte Loslassen ist ein wichtiges Prinzip der Achtsamkeit und spielt natürlich eine zentrale Rolle, wenn es darum geht, Abstand zu den eigenen oder fremden Problemen zu bekommen. Sicher hast du bemerkt, dass alle Prinzipien der Achtsamkeit eng miteinander zusammenhängen. Beispielsweise ist Loslassen nur mög-

Lass deine Erwartungen los. Gib den unsinnigen Wunsch auf, perfekt sein zu müssen. Befreie dich von dem Glauben, dass es wichtiger ist, andere Menschen zu »retten« und zu allen nett zu sein, als dich um dich selbst zu kümmern. Und löse dich möglichst auch von der Sehnsucht, um jeden Preis von anderen anerkannt und geliebt zu werden. Sei du selbst, und sei achtsam, dann werden dich die Menschen sowieso lieben – jedenfalls die, auf die es ankommt. Auf solche, die dich nur wertschätzen und »lieben«, wenn sie ihren Problemmüll bei dir abladen dürfen, kannst du gut verzichten.

lich, wenn du offen bleibst und nicht ständig bewertest, was du wahrnimmst. Offenheit wiederum funktioniert nur, wenn du im Hier und Jetzt bleibst. In der Gegenwart zu bleiben, erfordert wiederum Geduld … und so fort.

Loslassen ist vielleicht der wichtigste Aspekt, denn am Ende wirst du nur dann frei und glücklich sein können, wenn du aufhörst, dich an die Dinge zu klammern.

PRAXIS

DIE ESELSBRÜCKE

Wie kannst du es vermeiden, dich von fremden Problemen gefangen nehmen zu lassen? Wie »funktioniert« Loslassen am besten?

Wenn es um Abgrenzung geht, gibt es grundsätzlich einmal zwei Situationen, in denen es wichtig ist, achtsam zu reagieren und mehr Abstand zu gewinnen:

- erstens dann, wenn du es im Alltag mit Menschen zu tun hast, die dir deine Energien rauben und deine Grenzen überschreiten, wenn du also anders ausgedrückt »lästige« Zeitgenossen triffst,

- zweitens dann, wenn du mit ansehen musst, wie deine Liebsten leiden, und du mit Sorgen oder Verzweiflung auf ihre Probleme reagierst.

Die folgende Achtsamkeitsübung ermöglicht es dir, in beiden Situationen einen klaren Kopf zu bewahren und gelassen zu bleiben. Damit du diese Übung auch in schwierigen Momenten nicht vergisst, gibt es eine sprichwörtliche *Esel*sbrücke: das Akronym »ESEL«. Die vier Schritte der Übung sind nämlich:

1. **E**rkennen.
2. **S**püren.
3. **E**ntscheiden.
4. **L**oslassen.

Wir werden dir diese Methode anhand eines einfachen Beispiels erklären, damit du leichter nachvollziehen kannst, wie das Ganze funktioniert.

Nehmen wir an, dass deine Freundin – nennen wir sie einmal »Anne« – von ihrem Liebsten sitzengelassen wurde, was sie schwer getroffen hat. Sie vernachlässigt alle sozialen Kontakte, hat auf nichts mehr Lust, verbringt viel zu viel Zeit auf dem Sofa und driftet langsam, aber sicher in Richtung Depression ab.

Schritt 1: Erkennen

Loslassen kannst du nur, wenn du überhaupt erst einmal erkannt hast, dass du etwas festhältst. Das Erkennen oder Wahrnehmen dessen, was gerade geschieht, ist bereits der wichtigste Schritt der Achtsamkeit. Es geht dabei jedoch insbesondere darum, zu erkennen, was *in dir selbst* geschieht.

Wenn du übersiehst, was in dir und um dich herum vor sich geht, ist es unmöglich, auf eine gesunde und mitfühlende Art zu reagieren. Ohne Erkenntnis wirst du einfach immer wieder automatisch reagieren und in alte Muster verfallen. Beispielsweise versuchst du vielleicht, gute Ratschläge zu geben, oder du beginnst, zu predigen oder zu grübeln. Oder du reagierst, indem du das Problem kleinredest beziehungsweise es verdrängst und dich innerlich vom Gegenüber abwendest.

Um klar und achtsam zu erkennen, um was es gerade wirklich geht, kannst du dir einige Fragen stellen:

- »Was passiert hier gerade?«
- »Wer hat das Problem?« (In unserem Beispiel: deine Freundin Anne.)
- »Welches Problem ist es genau? Wie könnte ich es nennen?« (Zum Beispiel »Depression«, »Traurigkeit«.)
- »Was macht Annes Problem mit mir?« (Zum Beispiel: »Ich bin traurig und mache mir Sorgen. Ich will ihr helfen …«)

Schritt 2: Spüren

Gefühle wollen gefühlt werden. Und das sollen sie auch, denn in jedem Gefühl verbirgt sich eine Botschaft. Der zweite Schritt besteht darin, »zu fühlen, was *du* fühlst«. Hierbei geht es nicht um das, was deine Freundin Anne empfinden mag (wer weiß das auch schon so genau, vielleicht nicht einmal Anne selbst?), sondern darum, welche Gefühle durch ihr Problem bei *dir* getriggert werden.

Machst du dir Sorgen, oder fühlst du dich ängstlich, weil du nicht weißt, wie es weitergehen soll? Bist du traurig darüber, dass es ihr so schlecht geht? Fühlst du dich ohnmächtig, hilflos, oder bist du verzweifelt, weil du nicht weißt, wie du helfen sollst? Ärgerst du dich, weil du keine Zeit oder Energie hast, dich mit ihrem Problem herumzuschlagen?

Spüre einfach, was in dir los ist. Und was immer du auch findest: Es ist okay.

Beobachte dann jedoch genau, wie sich das Gefühl auf deinen Körper und deine Atmung auswirkt. Verändert sich deine Körperhaltung? Lässt du die Schultern hängen? Verspannt sich dein Nacken oder Rücken? Bekommst du Sorgenfalten? Und wie beeinflusst dein Gefühl deinen Atem? Atmest du anders, als wenn du entspannt bist, vielleicht schneller oder flacher …?

Gefühle sind nur Gefühle – sie kommen, bleiben eine Zeit lang und verschwinden dann wieder. Lass das Gefühl, das du gerade hast, durch dich »hindurchwehen«, so wie ein Sturm durch einen Wald braust. Schau nur zu, und bewerte dein Gefühl nicht. Beobachte neugierig, bleib aber gelassen, indem du dir bewusst machst, dass du nicht dein Gefühl *bist*, sondern es nur *hast*. Je achtsamer du es anerkennst und beobachtest, desto schneller wird es sich wieder auflösen.

Schritt 3: Entscheiden

Wenn du erkannt hast, dass jemand ein Problem hat, das bestimmte Emotionen bei dir wachruft, und wenn du diese Emotionen wirklich erst einmal ganz zugelassen und akzeptiert hast, dann (und erst dann) wird es Zeit für den dritten Schritt: Entscheide dich. Lass nicht zu, dass nervenzermürbende Gefühle sich in deinem Unterbewusstsein ausbreiten und deine Stimmung dauerhaft darunter leidet. Steig rechtzeitig aus dem

Zug aus, der in Richtung Abgrund unterwegs ist, indem du dir innerlich sagst: »Dieses Problem lasse ich bei dir!«

Formuliere diesen Satz in Gedanken für dich und zwar auf mitfühlende und freundliche Weise. Es geht nicht darum, den anderen von sich wegzustoßen, sondern die Verantwortung seiner Kraft und Weisheit anzuvertrauen.

Sich abzugrenzen, erfordert immer eine klare Entscheidung. Der Grund dafür, dass wir an negativen Zuständen festhalten, ist, dass wir uns nicht entscheiden loszulassen und diese belastenden Zustände stattdessen unbewusst nähren.

Noch einmal: Wenn du dich dafür entscheidest, Annes Problem bei ihr zu lassen, heißt das nicht, dass du beschließt, sie im Stich zu lassen. Vielmehr entscheidest du dich dafür, bei dir zu bleiben, indem du die vier Schritte dieser Übung durchläufst, damit du *danach* wirklich präsent und ihr dadurch eine viel stärkere Stütze sein kannst.

Schritt 4: Loslassen

Loslassen ist der letzte Schritt. Loslassen ist allerdings nichts, was du aktiv »machen« kannst. Loslassen geschieht ganz von selbst, sobald du dich ein wenig entspannst und vertraust.

Gib dem Leben genug Raum, sich frei zu entfalten. Vertraue darauf, dass deine Freundin ihr Problem genau in diesem Augenblick braucht, um letztlich zu erkennen, dass sie die Einzige ist, die dieses Problem lösen und loslassen kann.

Sobald du die vier Schritte im Geist durchgegangen bist, wirst du für deine Freundin da sein können – mitfühlend und achtsam, aber ohne ihr Problem deswegen zu deinem zu machen.

Meine Gefühle, deine Gefühle

Achtsamkeit führt zu Klarheit. Je genauer du hinsiehst, desto mehr erkennst du, und desto weiter wird dein Horizont. Falls du darunter leidest, dass du dich zu sehr anpasst, dich zu leicht von anderen dominieren lässt oder dir die Probleme anderer Menschen so sehr zu Herzen nimmst, dass es dich auslaugt und erschöpft, ist es wichtig, mehr Klarheit zu gewinnen.

Zunächst einmal solltest du dir bewusst machen, dass Menschen soziale Wesen sind. Das bedeutet, sie stehen im ständigen Austausch mit ihren Mitmenschen. Dieser Austausch und dieses Miteinander-verbunden-Sein betrifft auch und vor allem den Bereich der Emotionen. Mit anderen Worten: Gefühle sind ansteckend.

Du kennst das ja bestimmt auch: In einem Meeting beginnt eine Kollegin zu gähnen, und prompt musst auch du gähnen. Du kommst auf ein Fest, wo ausgeglichene Stimmung herrscht, deine Freunde sind bestens gelaunt und lachen viel, und sofort verschwinden all deine trüben Alltagsgedanken, du bekommst gute Laune und lachst mit. Oder du siehst eine traurige Filmszene, in der ein Kind weint, und plötzlich laufen auch dir Tränen über die Wangen.

Dass wir empfinden können, was andere empfinden, und ihre Gefühle sozusagen widerspiegeln, hängt mit sogenannten Spiegelneuronen zusammen – einer bestimmten Art von Nervenzellen im Gehirn, die komplexe Systeme bilden, welche uns empathisch reagieren lassen. Auf die Gefühle oder Stimmungen anderer Menschen reagieren wir reflexartig empathisch. Erst recht gilt das, wenn wir ihnen sehr nahe stehen. Ebenso aber sind wir besonders anfällig für »emotionale Infektionen«, wenn wir sehr sensibel sind.

Falls du hochsensibel bist, ist das ein wenig so, als würdest du auf einem Drahtseil balancieren. Du hast einen großen Überblick und bekommst mehr von der Welt mit. Andererseits wird dir schon ein kleiner Windstoß gefährlich, der anderen nicht die geringste Schwierigkeit bereiten würde.

Ähnlich reicht bereits der Besuch am Krankenbett eines Freundes oder die Begegnung mit einer verzweifelten Kollegin, um einen hochsensiblen Menschen völlig aus dem Gleichgewicht zu bringen.

Wie geht es dir, wenn du merkst, dass eine Freundin, ein Kollege oder eine Verwandte sehr gestresst ist? Oder wenn du mitbekommst, dass sich jemand, der dir nahesteht, furchtbar über etwas ärgert oder mit seinen Problemen im Job oder in der Partnerschaft überfordert ist? In welcher der folgenden drei Reaktionen erkennst du dich am ehesten wieder?

1. Das Ganze lässt mich ziemlich kalt.
2. Ich kann mit klarem Kopf und auf freundliche Weise mit dem anderen mitfühlen, ohne dabei meine Ruhe und Gelassenheit zu verlieren.
3. Durch den Stress, den der andere empfindet, bin ich auch selbst gestresst. Ich lasse mich vom Strudel negativer Emotionen geradezu mitreißen.

Je feinfühliger du bist, desto wahrscheinlicher ist es, dass die dritte Reaktion es bei dir am ehesten trifft.

Probleme erzeugen Stress, doch weder Probleme noch Stress lassen sich immer vermeiden. Was du allerdings vermeiden kannst, ist, dass der Stress und die belastenden Emotionen, mit denen andere sich herumschlagen, zu deinem Stress werden.

Wir werden ständig von den Stimmungen und Launen unserer Mitmenschen beeinflusst, und meist ist uns das gar nicht bewusst. Sobald es dir aber klar wird, kannst du entscheiden: Bist du wirklich bereit, dich von negativen Gedanken und Gefühlen anstecken zu lassen? Nein? Dann solltest du dir einen Schutzschild zulegen. Und Achtsamkeit ist die intelligenteste und langfristig effizienteste Möglichkeit, dich selbst zu schützen.

Einige einfache Schritte und Fragen erleichtern es dir, loszulassen, was nicht zu dir gehört:

- Ist das belastende Gefühl wirklich deins? Oder war es ursprünglich das Gefühl des anderen, und du hast dich nur damit infiziert? Das ist meist dann der Fall, wenn es dir vor der Begegnung eigentlich ganz gut ging und deine Stimmung dann während der Begegnung kippte.
- Fühlst du, was du glaubst, dass der andere es fühlt, statt mehr bei dir zu bleiben und deine Mitte zu wahren? Nährst du belastende Gefühle oder Probleme des anderen unbewusst dadurch, dass du nickst, ihm zustimmst oder ihn in seinem Leid bekräftigst? Beobachte aufmerksam, was in der Situation in dir selbst geschieht.
- Möchtest du die Gefühle des anderen lieber bei ihm lassen und dich emotional abgrenzen? Wenn ja, dann triff jetzt eine Entscheidung!
- Lass die Gefühle und Probleme des anderen achtsam los. Entspanne dazu bewusst deinen Körper. Ent-

spanne deine Hände und deine Schultern. Entspanne vor allem auch dein Gesicht: Lass deinen Blick weich werden, und bring ein leichtes Lächeln auf deine Lippen.

- Verankere dich in deiner Mitte und lass stressige Gedanken los. Das gelingt am leichtesten, indem du das Ausatmen verlängerst und einige Male tief und langsam ausatmest.
- Nimm alles wahr, was du im Moment wahrnehmen kannst, aber bewerte nichts. Es ist, wie es ist. Die Probleme, die der andere hat, und die Gefühle, die du dazu hast, sind okay, so wie sie sind. Gib ihnen Raum, zu kommen und zu gehen, aber steigere dich nicht hinein. Lass dein Denken still werden und achte darauf, deinen Atem ruhig fließen zu lassen. Bring etwas mehr Gelassenheit in die problematische Situation.

Menschen haben Probleme – Menschen haben Gefühle. Sowohl die anderen als auch du selbst. Das ist vollkommen in Ordnung, und es gibt nichts, was du daran ändern müsstest. Das Einzige, worauf du allerdings achten solltest, ist, dass du nicht in die Falle tappst und die Gefühle und Probleme anderer Menschen zu deinen eigenen machst. Bewahre etwas Abstand.

Ja, so ist es – Radikale Akzeptanz

Es ist nicht leicht, Umstände zu akzeptieren, die uns gegen den Strich gehen. Wann immer in unserem Leben etwas geschieht, was wir nicht wollen – und das ist leider ziemlich oft der Fall –, schreit eine Stimme in uns: »Nein!« Wenn Probleme entstehen und wir selbst oder Menschen, die wir lieben, in Schwierigkeiten geraten, wehren wir uns innerlich gegen das, was passiert, und setzen dem Lauf der Dinge Widerstand entgegen.

Akzeptanz ermöglicht es dir anzuerkennen, dass das Leben sich so entfaltet, wie es sich nun mal entfaltet – unabhängig davon, ob dir diese Entwicklung nun gefällt oder nicht. Akzeptanz heißt, dass du den Dingen Raum gibst, dass du sie respektierst, ohne zu versuchen, sie deinen Vorstellungen anzupassen. Auf diese Weise befreist du dich davon festzuhalten und entwickelst Offenheit und Gelassenheit.

Widerstand führt jedoch zu Anspannung und verursacht Stress. Statt in Harmonie mit unserem Leben zu sein, fangen wir an, gegen unser Leben anzukämpfen. Was wir dann brauchen, ist Akzeptanz.

Akzeptanz ermöglicht es dir, auf sanfte und intelligente Art mit Problemen umzugehen – nicht nur mit den eigenen, sondern auch mit den Problemen der Menschen in deinem Umfeld. Wenn du anfängst, das, was ist, zu akzeptieren, wechselst du vom inneren »Nein« zum inneren »Ja«.

Innerlich Ja zu einer Situation, einem Ereignis, einem Menschen oder auch zu einem Problem zu sagen, führt augenblicklich dazu, dass du dich entspannst, zur Ruhe kommst und loslassen kannst.

Akzeptanz ist eine Entscheidung – eine Haltung heiterer Gelassenheit. Du akzeptierst die Dinge also nicht etwa, weil du sie erdulden musst und keine andere Wahl hättest. Vielmehr hast du dich bewusst dazu entschlossen, dich dem Leben hinzugeben und anzuerkennen, was ist.

Dem Unbehagen ins Auge schauen

Schmerz ist ein unausweichlicher Teil unseres Lebens. Weder körperliche noch seelische Schmerzen lassen sich vermeiden. Jeder von uns muss schon sehr früh die Erfahrung machen, dass es eben nicht nur angenehme, sondern auch manchmal sehr unangenehme Empfindungen gibt. Wie willst du mit dieser Tatsache umgehen? Die Antwort auf diese Frage entscheidet, ob du Problemen gegenüber gelassen bleiben kannst oder ob sie dir den Schlaf rauben werden.

Körperliche Schmerzen können sehr belastend sein. Noch belastender sind aber meist seelische – Verluste, Liebeskummer, Trauer, Einsamkeit … Wann immer du, dein Kind, dein Partner, deine Eltern oder deine Freunde unter seelischen Schmerzen leiden, musst du dich entscheiden, wie du dem begegnen willst.

Wir können den Schmerz festhalten oder ihn loslassen. Wenn wir körperlichen oder seelischen Schmerzen Widerstand entgegensetzen, verwandelt sich Schmerz in Leid. An sich sind Schmerzen nur Schmerzen, so wie Hitze nur Hitze und Sturm einfach nur Sturm ist. Schmerz passiert, er kommt einfach, ohne dass wir etwas dagegen tun können. Doch das Leiden, das produzieren wir selbst.

Vor der Lösung kommt das Loslassen. Vor dem Loslassen kommt die Akzeptanz.

Statt zu denken: »Aha, ich habe Bauchweh« oder »Aha, mein Vater ist einsam«, denken wir: »O Gott, wie schrecklich, das darf nicht sein. Ich muss sofort etwas dagegen tun.« Der Wunsch nach Veränderung ist verständlich und manchmal ist es auch wichtig, Dinge zu verändern. Doch solange wir dem Unbehagen nicht zunächst einmal ins Auge schauen und den Schmerz anerkennen, so lange ist jeder Versuch, das Problem zu lösen, zum Scheitern verurteilt.

Der Weg der Achtsamkeit führt immer über die Akzeptanz. Du kannst nicht mitfühlend sein, wenn du wegläufst oder das, was ist, unterdrückst. Kleine Kinder glauben, dass sie unsichtbar werden, wenn sie sich die Augen zuhalten. Weil sie selbst dann nichts mehr sehen, denken sie, dass sie

Akzeptiere den Schmerz, akzeptiere das Leiden. Erlaube es dir, Angst zu haben, hilflos und traurig zu sein, dich zu ärgern oder wütend zu werden. Akzeptiere, dass auch deine Mitmenschen negative und belastende Gefühle haben. Achtsam zu sein, bedeutet nicht, die Umstände zu verändern. Achtsamkeit hilft dir, zu erkennen, dass Gefühle einfach nur Gefühle und Schmerzen einfach nur Schmerzen sind. Lass los, und wahrscheinlich wirst du dann das erstaunliche Phänomen beobachten können, dass Probleme sich ganz von selbst auflösen, sobald wir erst einmal damit aufhören, sie lösen zu wollen.

für andere auch nicht sichtbar sind. Aber wie wir alle wissen, ist das Unsinn.

Radikale Akzeptanz bedeutet, dass du dich deinem eigenen oder fremdem Schmerz achtsam zuwendest. Und wenn der Schmerz sich in Leiden verwandelt hat – was sehr oft passiert –, dann besteht radikale Akzeptanz darin, zuzulassen, dass du oder deine Liebsten leiden. Du wirst die Probleme eines geliebten Menschen nie loslassen können, solange du an der Idee festhältst, dass Schmerzen immer vermieden werden können, oder solange du womöglich sogar glaubst, dass du dafür verantwortlich bist, dem anderen ein Leben ohne Leiden zu ermöglichen.

Die Sorgenfalle

Ein sorgenfreies Dasein – das ist es, wonach viele von uns sich im Grunde ihres Herzens letztlich sehnen. Wir brauchen kein Leben in Saus und Braus. Wir brauchen keinen Luxus, und es muss in unserem Dasein weiß Gott auch nicht alles glattgehen. Das Einzige, was wirklich zählt, um glücklich zu sein, ist ein Geist frei von Sorgen und Ängsten.

Nichts steht unserer Unbeschwertheit, unserer Lebensfreude und Gelassenheit mehr im Wege als unsere Angewohnheit, uns ständig Sorgen zu machen. Ohne Sorgen wäre unser Alltag sehr viel einfacher. Und auch die Probleme unserer Kinder, Freunde oder Partner würden uns bei Weitem nicht so belasten, wenn wir uns nicht dauernd um sie sorgen »müssten«.

Sorgen helfen keinem. Ja, mehr noch – sie schaden sogar. Und nicht nur dir, sondern auch allen, um die du dir Sorgen machst. Sorgen sind nichts anderes als negative Gedanken, und negative Gedanken wirken sich niemals gut aus: weder auf dich noch auf den Lauf der Ereignisse.

Wie gesagt sprechen wir ja oft davon, dass wir uns Sorgen »machen«. Das trifft es auf den ersten Blick ganz gut, denn Sorgen müssen wir schließlich denken, sonst gibt es keine. Aber warum tun wir eigentlich überhaupt etwas so Überflüssiges, wie Sorgen zu wälzen? Immerhin weiß doch jeder, dass wir uns dadurch nur stressen.

Der Grund ist einfach, aber nicht sehr bekannt. Genau genommen können wir gar nicht so exakt steuern, was in unseren Köpfen passiert. Es ist nämlich nur die halbe Wahrheit, dass wir uns aktiv Sorgen *machen*. Forscher haben entdeckt, dass unser Gehirn nicht nichts tut, wenn wir nichts tun. Im Gegenteil, wenn nichts Besonderes los ist und wir uns langweilen oder »entspannen«, ist es überaus aktiv.

Dass du immer wieder in die Sorgenfalle tappst, hängt mit einem Netzwerk verschiedener Gehirnregionen zusammen, die miteinander verbunden sind. Dieses Ruhezustandsnetzwerk bezeichnen Neurowissenschaftler als »Default Mode Network«. Dieses Netzwerk, in dem das Gehirn sich überwiegend mit sich selbst beschäftigt, ist wichtig für die Identitätsbildung. Es erschafft gewissermaßen unser »Ich«, das es abwechselnd in die Vergangenheit und die Zukunft projiziert. Leider produziert es aber auch viele Probleme, da es ständig nach dem Haar in der Suppe sucht.

Unser Gehirn ist nicht sehr gut darin, sich zu entspannen. Immerzu ist es auf der Hut und denkt über Probleme und Lösungen nach. Das hängt mit der Evolution zusammen: In der Steinzeit war es überlebenswichtig, Gefahren vorauszusehen und sie gedanklich vorwegzunehmen. Wer wusste schon so genau, was sich hinter dem nächsten Busch versteckt …? Heute bringen uns Sorgen allerdings schon lange keinen Überlebensvorteil mehr: Sehr viel wahrscheinlicher, als dass Sorgen dein Leben verlängern, werden sie es sogar verkürzen.

Durch Achtsamkeit wird es dir möglich, dir das, was unbewusst in deinem Kopf abläuft, bewusst zu machen. Die unablässige Aktivität deines Geistes kennst du bestimmt nur allzu gut. Ob Ängste, Sorgen, Grübeln, Erinnerungen oder Erwartungen – irgendwelche Gedanken und Gefühle laufen im Kopfkino immer ab. Und die meisten davon sind unnütz oder sogar schädlich. Buddhisten nennen dieses Phänomen »Monkey Mind« – die »Affen im Kopf«. Wie wilde Affenhorden springen die Gedanken und Gefühle durch unser Bewusstsein; und Sorgen gehören dabei zu den lästigsten Vertretern der Affenbande.

Die wirksamste Möglichkeit, um aus deinen Gedanken und deinen inneren Geschichten auszusteigen und die Affen in deinem Kopf zur Ruhe zu bringen, besteht darin, deine Achtsamkeit zu entwickeln. Achtsamkeit deaktiviert das Default Mode Network, den Ruhezustand, in dem das Gehirn in Vergangenheit und Zukunft nach Problemen sucht, und stoppt so das Sorgen- und Grübelkarussell, das sonst ständig in deinem Kopf kreist.

Wenn du lernen könntest, die Sorgen-Affen in deinem Kopf zu zähmen, würden dir die Probleme der Menschen, mit denen du dein Leben teilst, längst nicht mehr so problematisch erscheinen. Du könntest ihren Schwierigkeiten mit Achtsamkeit und Klarheit begegnen, und das wäre allemal viel angenehmer, als im Angstmodus zu agieren und zu reagieren. Nicht nur, dass du dich dadurch selbst besser vor Stress schützen würdest, wärst du deinen Freunden, Kindern, Eltern oder Geschwistern mit einem sorgenfreien Geist auch eine sehr viel größere Hilfe. Und die gute Nachricht ist, dass du das durchaus lernen kannst, denn Achtsamkeit lässt sich auf einfache Weise entwickeln.

Abschied von der Sorgsucht

Je schwerer es dir fällt, das, was geschieht, zu akzeptieren, desto mehr wirst du dazu neigen, dir Sorgen zu machen. Wenn du dich oft um dich oder andere sorgst, sagt dir dies, dass es dir an Vertrauen mangelt. Und falls dem so ist, dann mach dir nichts draus; denn es geht fast jedem von uns ganz genauso.

Vertrauen ist uns nicht in die Wiege gelegt, aber wir können mehr Vertrauen und Akzeptanz entwickeln. Dazu müssen wir allerdings den Mut aufbringen, den Dingen einfach ihren Lauf zu lassen. Und das klappt nur, wenn wir bereit sind, uns dem Leben ganz hinzugeben und »uns selbst« – unsere Erwartungen, Wünsche, Zweifel und Ängste – loszulassen. Wir müssen unsere Neigung loslassen, das Leben zu trennen in das, »was sein darf«, und das, »was nicht sein darf«. An sich ist das ganz einfach – leicht

Du kannst Akzeptanz kultivieren, wenn du dir immer wieder klar bewusst machst, dass es sehr viele Dinge gibt, die du nicht zu beeinflussen vermagst. Schon gar nicht durch Sorgen, denn die haben wenig mit dem zu tun, was wirklich passiert. Sorgen sind Fantasien – Hirngespinste, die aus einem pessimistischen, übervorsichtigen Blickwinkel heraus entstehen. Und während du damit beschäftigt bist, dir über alles Mögliche Sorgen zu machen, geht das Leben einfach seinen Gang. Pass auf, dass es nicht an dir vorüberzieht!

ist es aber leider trotzdem nicht, da Loslassen den meisten sehr viel schwerer fällt, als festzuhalten.

In unserem Leben kann bekanntlich viel Unerfreuliches passieren. Und darum gibt es auch jede Menge Anlässe, sich Sorgen zu machen. Wir können beispielsweise gesundheitliche, seelische oder finanzielle Probleme bekommen oder in existenzielle Krisen geraten. Doch wenn so etwas geschieht – und wenn es zum Beispiel deinem besten Freund oder deinem Geliebten widerfährt –, dann mach dir bewusst, wie wenig deine Sorgen an solchen Ereignissen zu ändern vermögen.

Suche nach Alternativen zur Sorgsucht. Statt davon auszugehen, dass alles ein schreckliches Ende nehmen wird, kannst du genauso gut versuchen, mehr Vertrauen zu entwickeln, indem du dir vorstellst, wie die Welt aussehen wird, wenn sich alles zum Guten wendet. Oder du kannst darauf vertrauen, dass in jedem Problem die Lösung bereits enthalten ist – auch wenn du sie noch nicht sehen kannst. Wer weiß schon wirklich, wofür die Hindernisse gut sind, die uns oder unseren Mitmenschen in den Weg gelegt werden?

Eine besonders wirksame Möglichkeit, Sorgen loszulassen, besteht wie gesagt darin, dass du dich jeder Bewertung enthältst. Denk gar nicht erst darüber nach, ob die Dinge sich »gut« oder »schlecht« entwickeln werden, sondern lass all das los. Übe radikale Akzeptanz. Lass das Leben einfach machen. Sei dir im Klaren darüber, dass es kommt, wie es nun mal kommt. Lehn dich zurück, lächle und bleib gelassen.

Es gibt eine schöne Geschichte über einen alten Fischer, die sehr gut illustriert, welche Weisheit darin liegt, dem Schicksal seinen Lauf zu lassen und dem Leben zu vertrauen:

> *Der alte Fischer wurde von den meisten belächelt und für einfältig gehalten. Er hatte nur wenig Geld, ein schäbiges Häuschen nah am Fluss und ein altes Boot. Dennoch sah man ihn stets lächeln, und zu allem, was ihm widerfuhr, zuckte er nur die Schultern und sprach: »Ach ja, es kommt, wie's kommt.« Einige wenige aber lachten nicht über den Alten, sondern seufzten, weil er hatte, was sie nicht hatten; denn er verfügte über alles, was er sich wünschte, und war zufrieden.*
> *Eines Tages fuhr der Fischer hinaus auf den Fluss und warf sein Netz aus. Sehr viel fing er nie, nur selten mehr als ein paar kleine Fische, gerade genug, um davon leben zu können. Doch an diesem Tag fing er gar nichts. Ein letztes Mal warf er das Netz aus. Und diesmal hatte er etwas gefangen: einen einzigen kleinen Fisch.*
> *Die Dorfbewohner sahen seine magere Ausbeute und bemitleideten ihn. »Du Armer!«, sagten sie. »Von einem Fisch kann man doch nicht leben!«*

Er zuckte mit den Schultern und lächelte. »Es kommt, wie's kommt.«

Die Leute schüttelten den Kopf. Verstand der alte Fischer gar nicht, wie schlimm seine Lage war?

Zu Hause angekommen, dachte der Fischer: Es ist zwar nur ein kleines Fischlein, doch wenn man es richtig zubereitet, wird es wohl schmecken. Als er begann, den Fisch auszunehmen, traf sein Messer auf etwas Hartes. Er zog dieses Etwas heraus – und hielt einen goldenen Ring mit einem glitzernden Stein in der Hand. Der funkelte und leuchtete gar herrlich, und der Fischer lachte, freute sich über den unerwarteten Fund und legte den Ring auf den Schrank, um sich wieder der Zubereitung seines mageren Mahls zu widmen.

Da klopfte es an der Tür, und die Frau des Bäckers, der Sohn des Gemüsehändlers und der Schmied standen da – und alle hatten eine Kleinigkeit zu essen mitgebracht, da der Fischer ihnen leidtat. Er bat sie herein und bedankte sich. Das Fischlein wurde gebraten, die Kartoffeln, Zwiebeln und Karotten geschnitten und gekocht – und zusammen mit dem kleinen Fläschchen Wein, das der Schmied mitgebracht hatte, wurde ein köstliches Abendessen daraus.

Dabei erzählte der Fischer, was er in dem Fisch gefunden hatte. Natürlich wollten alle sofort den Ring sehen. Der Schmied sah sich den Ring genau an und sprach: »Alter Fischer, du hast dein Glück gemacht! Der Ring ist aus purem Gold, und der Stein ist wohl ein Diamant. Beim Goldschmied magst du mehr als 200 Taler dafür bekommen! Du bist ein wahrer Glückspilz!« Auch der Sohn des Gemüsehändlers und die Bäckerin staunten und gratulier-

ten dem Fischer. Der aber zuckte nur mit den Schultern, lächelte und sagte: »Es kommt, wie's kommt.«

Schon am nächsten Tag wusste das ganze Dorf von dem Ring, und alle wollten ihn bestaunen. Doch am Tag darauf, als der Fischer auf dem Fluss war, suchte ein Dieb dessen Haus auf, durchwühlte alles und stahl den Ring, von dem er die Leute hatte sprechen hören.

Kurz darauf bemerkte der Nachbar des Fischers, dass die Tür weit offen stand. Er erkannte den Diebstahl und alarmierte die Dorfbewohner. Die begannen, den Dieb zu suchen, der jedoch längst über alle Berge war.

So bekam der Fischer des Abends wieder Besuch, und die guten Menschen des Dorfes sagten: »Du armer Kerl! So ein Pech. Mit dem wertvollen Ring hättest du dir nie mehr Sorgen machen müssen!«

Der Fischer aber zuckte die Schultern und lächelte. »Es kommt, wie's kommt.« Und Sorgen hatte er sich ja ohnehin nie gemacht.

Die Leute schüttelten den Kopf. Verstand er denn nicht, was für einen Verlust er erlitten hatte?

Ein paar Tage gingen ins Land. Da kam ein Bote des Fürsten mit zwei Soldaten ins Dorf geritten und verlangte, den Fischer zu sprechen. In der Hauptstadt war ein Mann ertappt worden, der versucht hatte, den Verlobungsring der Fürstentochter zu verkaufen, der vor einem Jahr verschwunden war. Bei der Befragung hatte er behauptet, ihn von einem Fischer bekommen zu haben.

»Du bist ein Dieb und kommst jetzt mit uns zum Fürsten«, rief der Bote streng. Und sie packten ihn und führten ihn davon.

»Du Armer!«, rief die Bäckerin, als der Fischer an ihr vorbeigeführt wurde. »Dass du unschuldig verhaftet wirst, ist schrecklich!«
Der alte Mann aber lächelte nur: »Es kommt, wie's kommt.«
Als der Fischer vor den Fürsten kam, erzählte er seine Geschichte. Auch der Dieb wurde vorgeführt. Der Fürst brauchte nicht lange, um zu entscheiden. »Es ist wohl klar, dass der Fischer ein braver Mann ist. Und in der Tat hat meine Tochter den Ring nach einer Bootsfahrt zum ersten Mal vermisst. Ich bin mir sicher, dass der Fischer die Wahrheit spricht.«
Er sah den Dieb streng an. Der erkannte, dass alles Leugnen nichts half, gestand und wurde schließlich abgeführt. Der Fürst lächelte den Fischer nun freundlich an und sprach: »Dieser Ring war wertvoll. Doch die Freude der Fürstentochter ist noch wertvoller.« Er holte einen großen Beutel hervor, den er dem Fischer überreichte. Dann ließ er eine Kutsche vorfahren, die den Fischer wieder nach Hause brachte.
Die Dorfbewohner liefen zusammen und ließen sich erzählen, was geschehen war. Und schließlich öffneten sie den Beutel und zählten tausend Taler. Mit einem Mal war der arme Fischer der reichste Mann des Dorfes. Die Leute ließen ihn hochleben und jubelten.
Er aber zuckte nur mit den Schultern und lächelte. »Es kommt, wie's kommt.«

Verbunden statt gebunden sein

Sich achtsam und freundlich abzugrenzen, ist nicht so leicht: Einerseits spüren wir, wie wichtig es ist, dass wir unsere Grenzen zeigen und fremde Probleme nicht zu nah an uns rankommen lassen und dass wir uns selbst besser schützen müssen. Auf der anderen Seite wollen wir aber natürlich auch niemanden im Stich lassen oder vor den Kopf stoßen, schon gar nicht Menschen, die uns viel bedeuten.

Und genau darin besteht nun die Kunst, sich mitfühlend abzugrenzen: *sowohl* die eigenen Bedürfnisse und Grenzen zu respektieren *als auch* offen für das Leiden anderer Menschen zu sein.

Abgrenzung darf nicht in Egoismus ausarten. Mit Egoismus ist keinem geholfen – weder dem anderen noch dem Egoisten selbst. Menschen sind soziale Wesen, positive Beziehungen zu Freunden, Familie und der Gemeinschaft sind entscheidend für ein erfülltes Leben. Und daher können Einzelkämpfer niemals glücklich werden. Schon seit Anbeginn der Menschheit wussten Menschen sich vor allem deshalb zu helfen, weil sie sich *gegenseitig* zu helfen wussten. Und wenn wir die enormen Herausforderungen

Was wir heute mehr als je zuvor brauchen, ist Verbundenheit. Du kannst dich nur dann liebevoll annehmen, wenn du mit dir selbst verbunden bist. Und du kannst nur dann in Liebe und Harmonie mit deinen Mitmenschen zusammenleben, wenn du die Verbundenheit zu ihnen spürst. Die Kraft der Verbundenheit hilft dir, effektiv mit den Problemen und Krisen anderer umzugehen; sie bewahrt dich gleichzeitig aber auch davor, diese Probleme und Krisen zu deinen Problemen zu machen.

unserer Zeit bewältigen wollen, dann schaffen wir das auch nur gemeinsam.

Auf den ersten Blick scheint es ja so, dass Verbundenheit und Abgrenzung nicht besonders gut zusammenpassen. Tatsächlich aber ist echte Verbundenheit ohne gesunde Abgrenzung gar nicht möglich. Die Grenze ist schließlich der Ort, wo Verbundenheit überhaupt erst stattfinden kann. Wo kein Ich ist und kein Du, da können sich die beiden auch nicht miteinander verbinden. Erst ein starkes Ich und ein starkes Du ergeben gemeinsam ein starkes Wir.

Verbundenheit erfordert Kraft und ein gesundes Selbstbewusstsein. Falls du zu sehr mit den Problemen anderer Menschen beschäftigt bist, hängst du fest. Dann bist du nicht *ver-*, sondern *ge*bunden. Und ob du mit jemandem verbunden oder an ihn gebunden bist, sind zwei völlig unterschiedliche Paar Stiefel. In den einen gehst du auf dein Glück, in den anderen auf dein Unglück zu. Verbundenheit kann sich nur in Freiheit und Liebe entwickeln, während Gebundensein Abhängigkeiten nährt und Ängste erzeugt.

Auf den folgenden Seiten möchten wir dir ein paar Möglichkeiten zeigen, Gebundensein in Verbundenheit zu verwandeln. Durch mehr Verbundenheit wird es dir gelingen,

- gemeinsam mit deinem Gegenüber tief in den gegenwärtigen Moment einzutauchen,
- deine Beziehungen zu entwirren und mehr Klarheit zu schaffen,
- oberflächliche Rollenspiele zu durchbrechen sowie
- Begegnungen neu zu gestalten und dich aus Abhängigkeiten zu befreien.

Beim anderen sein, ohne sich selbst zu verlieren

Mitfühlende Abgrenzung funktioniert nur, wenn du beides im Blick hast: sowohl Mitgefühl als auch Abgrenzung. Sosehr du darauf achten musst, dich von fremden Problemen nicht anstecken zu lassen, so sehr solltest du auch versuchen, trotzdem mit deinem Gegenüber verbunden zu bleiben.

Wenn dein Gegenüber jemand aus deinem engsten Freundeskreis oder deiner Familie ist, sind Mitgefühl und Verbundenheit natürlich erst recht wichtig. Doch auch wenn du »nur« Arbeitskollegen oder flüchtige Bekannte triffst, du kannst *jedem* Menschen viel offener und achtsamer begegnen, wenn du mitfühlend bist. Ja sogar dann, wenn Energieräuber oder Jammersusen dich mit ihrem Problemmüll belasten wollen, muss dein »Stopp« wie gesagt nie abweisend oder kaltherzig sein. Auch einen Satz wie »Bis hierher und nicht weiter« kann man freundlich aussprechen und sich trotz aller notwendigen Abgren-

Bring mehr Achtsamkeit in deine Begegnungen. Es ist nicht hilfreich, wenn du nur beim anderen bist und dich selbst dabei vernachlässigst. Es ist aber ebenso wenig hilfreich, wenn du nur bei dir bist und den anderen ignorierst. Das Geheimnis mitfühlender Abgrenzung lautet nicht »entweder – oder«, sondern »sowohl – als auch«.

zung dessen bewusst bleiben, dass wir als Menschen im Wesen mit allen anderen Menschen verbunden sind.

Erst wenn du dir klar darüber bist, was *du* willst, und dir zugleich bewusst bist, was *den anderen* belastet, kann echte Verbundenheit entstehen. Dann wirst du nicht nur viel über dein Gegenüber, sondern auch sehr viel über dich selbst lernen. Wenn du stark auf die Probleme anderer Menschen reagierst, sagen diese Probleme nämlich auch viel über dich aus – oft spiegeln sich die eigenen Schwierigkeiten ja in deren Problemen wider.

Wie kannst du beim anderen sein, ohne dir selbst untreu zu werden? Das ist gerade dann wichtig, wenn du mit Menschen zusammentriffst, die deinen Helferreflex auslösen oder dich »aussaugen« wollen. Grundsätzlich lautet die Devise »Achtsamkeit«, denn ein wacher, offener Geist befreit dich aus alten Reaktionsmustern und Rollenspielen.

Allerdings gibt es da ein Problem: Du kannst deine Achtsamkeit immer nur auf eine Sache lenken. Du kannst mit deiner Aufmerksamkeit also nicht *gleichzeitig* bei dir selbst und beim anderen sein. Eines aber kannst du machen: Du kannst deine Achtsamkeit *abwechselnd* auf dich selbst und den anderen lenken.

Bei der folgenden Technik geht es darum, dass du deine Achtsamkeit sozusagen hin und her pendeln lässt. Dabei musst du etwas kreativ sein, denn es gibt sehr viele Möglichkeiten, diese Methode an individuelle Bedürfnisse und Situationen anzupassen. Auf welche Weise und in welchem Tempo du deine Achtsamkeit abwechselnd auf dich und den anderen lenkst, bleibt dir überlassen. Worum es letztlich geht, ist, dass du Verständnis für die Probleme deines Gegenübers entwickelst, dich dabei aber immer wieder an dich selbst »erinnerst« und dich nicht verlierst. Es folgt eine Möglichkeit, diese Übung auszuführen.

PRAXIS

DEINE ACHTSAMKEIT ABWECHSELND AUF DICH UND DEN ANDEREN LENKEN

- Öffne dich für dein Gegenüber, indem du zuhörst und versuchst, seine Lage wirklich zu verstehen. Achte darauf, ob hinter seinem vordergründigen Problem auf einer tieferen Ebene noch ein anderes steckt. Hinter Gejammere und Gemecker verbirgt sich beispielsweise oft eine tiefe Unzufriedenheit mit dem eigenen Leben; und hinter Wut und Ärger stecken oft Ängste ... Was ist das eigentliche Problem? Du musst hier natürlich keine Psychoanalyse betreiben – es geht nur darum, etwas genauer hinzusehen.
- Pendle mit deiner Achtsamkeit jetzt in deine Richtung. Beobachte dich selbst. Bist du dir deiner Grenzen bewusst? Weißt du, was du auffangen kannst und willst und wofür du im Moment nicht zur Verfügung stehst? Wenn du das nicht weißt, dann frage dich das während der Begegnung öfter einmal selbst.

- Lenke deine Achtsamkeit anschließend wieder auf dein Gegenüber: Beobachte seine Gesten und seine Körpersprache und hör ihm gut zu.
- Richte die Aufmerksamkeit dann erneut auf das, was in dir vorgeht: Nimm deinen Körper und deine Haltung wahr. Beobachte genau, wie du auf das reagierst, was der andere sagt. Welche Gefühle tauchen auf? Gibt es etwas, was du jetzt loslassen kannst?

Es gibt eine schöne buddhistische Erzählung, die verdeutlicht, wie wichtig es ist, den Kontakt sowohl nach außen als auch nach innen aufrechtzuerhalten:

Einst erzählte Buddha seinen Mönchen die Geschichte vom Akrobaten und dessen Lehrling. Der Akrobat kletterte an einer hohen Bambusstange hinauf und rief seinem Lehrling zu, dass er ebenfalls hinaufklettern und sich auf seine Schultern stellen möge. Der Junge gehorchte, kletterte nach oben und stellte sich vorsichtig auf die Schultern seines Meisters.
Der sprach: »Junge – nun sollst du gut auf mich achtgeben, und ich werde auf dich achtgeben. So werden wir uns gegenseitig stabilisieren, und das Kunststück wird uns vorzüglich gelingen.«
Der Junge aber widersprach: »O nein, Meister, so wird das nichts. Besser ist es, wenn Ihr auf Euch selbst achtet, und ich werde auf mich aufpassen. Bestimmt wird das Kunststück uns dann am besten gelingen, wenn jeder gut auf sich selbst achtet und sich absichert.«

Buddhas Schüler fragten, was denn nun der richtige Weg sei. Und Buddha sprach: »Der richtige Weg liegt in der Mitte: Während man einerseits auf sich selbst achtet, soll man andererseits auch auf andere achten. Und während man auf andere achtet, achte man zugleich auch auf sich selbst. So wird das Leben gelingen.«

Gemeinsam den Augenblick teilen

Unser Leben ist ein Leben in der Gemeinschaft. Während wir mit manchen Menschen nur selten und oberflächlich zu tun haben, stehen andere uns sehr nah – und je nachdem fällt es uns eben auch recht leicht oder ganz schön schwer, mit den Problemen umzugehen, mit denen andere zu kämpfen haben.

Wenn dein Kind dir weinend von seinen Ängsten oder seiner Verzweiflung erzählt, wenn dein Partner schwer erkrankt ist und leidet, wenn eine Freundin in Trauer ist, weil sie einen geliebten Menschen verloren hat, aber auch wenn jemand dir von scheinbar banalen Problemen in seinem Job erzählt: Immer besteht die Herausforderung darin, mit dem Menschen, der deine Gegenwart teilt, auch tatsächlich in der Gegenwart zu sein. Nicht in der Trance der eigenen Gedanken, nicht im Pessimismus, nicht in der Bewertung oder Verurteilung und natürlich erst recht nicht am Smartphone.

»Immer ist der wichtigste Mensch der, der dir gegenübersteht«, schrieb der Philosoph und Mystiker Meister Eckhart. Jeder Mensch ist es wert, dass wir ihm mit unserer

Lass dich vollkommen auf den jeweiligen Moment ein. Bleib mit deinen Gedanken im Jetzt. Richte deine Achtsamkeit mitfühlend auf den Menschen, mit dem du gerade deine Zeit verbringst; richte sie aber auch und vor allem auf dich selbst. Sich für die Probleme des anderen zu öffnen, ohne sich hineinziehen zu lassen, ist eine Kunst, die man wie jede Kunst üben muss. Gelegenheiten gibt es viele. Am besten nimmst du gleich die nächste wahr.

ganzen Präsenz begegnen. Und ob sein Problem nun banal ist oder nicht, das können wir gar nicht entscheiden, da wir ja schlecht in die Haut des anderen schlüpfen können. Zu Meister Eckharts Zitat ist allerdings anzumerken, dass der wichtigste Mensch eigentlich nicht nur der ist, der dir gegenübersteht, sondern ebenso der, der dem anderen gegenübersteht, also du selbst: »Liebe deinen Nächsten *wie dich selbst.*«

PRAXIS

DIE WOHLWOLLENDE SELBSTBERÜHRUNG

Du kannst die Kraft der körperlichen Berührung nutzen, um dich intensiver zu spüren, während du dich mit jemandem unterhältst oder ihm zuhörst. Sich selbst auf eine sanfte und wohlwollende Weise zu berühren, ist eine Geste des Selbstmitgefühls, die dir vor allem in schwierigen Situationen Sicherheit und Geborgenheit schenken wird. Die Selbstberührung hilft dir, die eigene Person nicht zu vergessen und in gutem Kontakt mit deinem Körper zu bleiben.

Dein Körper ist letztlich der Einzige, der genau weiß, wann deine Grenzen überschritten werden. Er schickt dir deutliche Signale, wenn du drauf und dran bist, dich selbst zu verlieren.

Diese Signale kannst du aber natürlich nur empfangen, wenn du auch auf deinen Körper achtest.

Im Prinzip geht es bei der wohlwollenden Selbstberührung einfach nur darum, eine oder beide Hände auf eine Stelle deines Körpers zu legen, wobei die »richtige Stelle« individuell sehr verschieden ist. Hier sind ein paar Beispiele, mit denen du experimentieren kannst:

- Leg eine Hand oder beide Hände auf deinen Bauch.
- Leg eine Hand auf dein Herz oder die Mitte deiner Brust.
- Berühre mit der rechten Hand den linken Oberarm oder umgekehrt.
- Leg die Hände wie Schalen ineinander.
- Verschränke die Hände im Schoß.
- Umschließe mit der einen Hand einen oder mehrere Finger der anderen Hand.

Lenke deine Achtsamkeit im Laufe der Begegnung immer wieder zur Berührungsempfindung in deinem Körper, um dich selbst zu zentrieren.

Beim Umgang mit Problemen ist es immer wichtig, ein wenig Wind aus den Segeln zu nehmen. Probleme erzeugen Stress. Und im Stress spielen unsere Emotionen verrückt. Das betrifft nicht nur denjenigen, der das Problem hat, sondern auch dich, da du empathisch reagierst. Die Stimmung des anderen überträgt sich auf dich, und wenn du nicht achtsam bist, verfällst du schnell in eine Art Panikmodus. Um das zu vermeiden, solltest du dich auf die Kraft der Ruhe fokussieren.

Die folgende Achtsamkeitsübung hilft dir, zur Ruhe zu kommen und dich sowohl körperlich als auch geistig zu entspannen.

PRAXIS

RUHE IM ATEM …

- Ruhe im Atem. Lass deinen Atem zunächst einfach fließen, ohne ihn zu verändern. Beobachte deine Atmung achtsam. Beruhige den Atemstrom dann, indem du das Ausatmen ein klein wenig verlängerst. Wiederhole das einige Male: tief einatmen und langsam und sanft ausatmen.
- »Kommt der Atem zur Ruhe, so kommt auch der Körper zur Ruhe.« Wiederhole diesen Satz innerlich mehrmals in deinem Atemrhythmus. Richte deine Achtsamkeit dabei auf deinen Körper. Lass alle Anspannung, die dir bewusst wird, los. Entspanne den Atem – entspanne den Körper.
- »Kommt der Körper zur Ruhe, so kommt auch der Geist zur Ruhe.« Während du sanft weiteratmest und den Körper entspannst, denkst du innerlich mehrere Male diesen Satz. Der »Geist« – das sind deine Gedanken und Emotionen. Durch ruhiges Atmen entspannt sich der Körper, und wenn sich der Körper entspannt, können auch deine Gedanken und Gefühle immer mehr zur Ruhe kommen.

Lass die Kraft der Ruhe also von deinem Atem ausgehen, sie dann deinen Körper und schließlich auch deinen Geist durchströmen. Begegne Schwierigkeiten, mit denen du konfrontiert bist, mit Ruhe und Gelassenheit. Das ist nicht nur eine wunderbare Möglichkeit, dich zu zentrieren, sondern du kannst auch andere am besten unterstützen, wenn du selbst Ruhe ausstrahlst.

Achtsame Kommunikation

Beziehungen leben vom Austausch. Je offener du mit jemandem sprechen kannst, desto leichter wird es, Grenzen zu setzen und Verantwortung abzugeben, ohne dass du deswegen Angst haben musst, missverstanden zu werden. Vor allem, wenn es darum geht, dich zu schützen, indem du dich von den Problemen anderer Menschen distanzierst, ist eine achtsame, ehrliche Kommunikation ja entscheidend.

Offenheit ermöglicht Verbundenheit. Wenn du offen sprechen kannst, wird es dir leichtfallen, anderen deine eigenen Bedürfnisse klarzumachen. Und wer sollte dich schon daran hindern, offen zu sprechen, wenn du es nicht selbst tust?

Sicher, es gibt Ausnahmen, zum Beispiel im Job. Nicht immer ist Offenheit ohne Weiteres möglich, und nicht immer ist ein persönlicher Austausch überhaupt erwünscht. Aber vielleicht doch öfter, als du denkst.

Achtsame Kommunikation hingegen funktioniert immer – nicht nur dann, wenn du mit deinem Partner, deinen Kindern, Eltern oder Freund*innen zusammen bist, sondern auch wenn du zum Beispiel einen entfernten Bekannten oder deinen Chef triffst. Natürlich steht es nicht immer an, sich mit Menschen, die einem mehr oder weniger fremd sind, offen auszutauschen. Achtsamkeit ist jedoch in jedem Fall gut. Wenn sich Leute als Energieräuber entpuppen oder dich mit Dingen belästigen, die dich überhaupt nicht interessieren, solltest du trotz eventueller Schwierigkeiten dennoch offen zu ihnen sein. Erst wenn du wirklich mit ihnen in Beziehung trittst, wird es dir möglich sein, ihnen zu sagen, dass du nicht die richtige Adresse für ihre Probleme bist, ohne dich dabei schlecht zu fühlen.

Achtsame Kommunikation gründet auf Offenheit. Offen zu sein, heißt, dass du dich nicht scheust, mit dem anderen ehrlich über deine Gefühle zu reden, und dass du dich nicht verstellen musst.

Falls du bisher keine besonders guten Erfahrungen mit Kommunikation gemacht oder wenig Übung darin hast, offen mit anderen zu sprechen, geht es dir auch nicht anders als den meisten von uns. Gut zu kommunizieren, ist nicht leicht. Nicht umsonst werden eine Menge Bücher und Seminare angeboten, in denen es um nichts anderes geht als um gute Kommunikation. Obwohl es sicher nicht schaden kann, sich eingehender damit zu beschäftigen, brauchst du allerdings keine Kommunikationskurse zu belegen, um gut zu kommunizieren. Es gibt einige einfache Prinzipien, die es dir sehr erleichtern, dich mit anderen auszutauschen,

Wann immer du mit anderen sprichst, geht es letztlich nur um zweierlei: darum, dass du den anderen verstehst, und darum, dass du dich ihm verständlich machst. Kurz gesagt: Es geht um Klarheit. Nur wenn du deutlich siehst, was das Problem des anderen ist, und ebenso klar erkennst, was deine eigenen Bedürfnisse sind, können Missverständnisse und Frust verhindert werden. Wenn du offen, aufrichtig und zugewandt bist, wird niemand es dir verübeln, dass du deine Grenzen deutlich zeigst.

ohne dass es zu Missverständnissen oder gar Streitereien kommt. Und wie du sehen wirst, ist es auch gar nicht so schwer, Nein zu sagen, ohne jemanden vor den Kopf zu stoßen.

Im Folgenden möchten wir dir die vier Prinzipien zeigen, die eine achtsame Kommunikation möglich machen:

1. Zuhören.
2. Verstehen.
3. Zentrieren.
4. Sprechen.

Zuhören

Wenn du gut zuhören kannst, hast du praktisch schon gewonnen. Jeder, der ein Problem hat – ganz egal, ob es etwas Alltägliches oder Ernsteres ist –, sehnt sich nach einem mitfühlenden Ohr. Wir alle schätzen gute Zuhörer*innen sehr. Sie geben uns die Gelegenheit, uns auszudrücken. Wenn wir reden dürfen, ohne ständig unterbrochen zu werden, erkennen wir die Antwort auf unsere Probleme meist selbst. Im Grunde weiß jeder von uns tief in seinem Inneren nämlich ganz genau, was er braucht.

Gute Zuhörer*innen sind wie Spiegel: Durch achtsames Zuhören reflektieren sie einfach nur, was der andere zum Ausdruck bringen will. Wer dir von seinen Schwierigkeiten erzählt, braucht keine Tipps, keine Kommentare und schon gar keine Belehrungen.

Und das sind noch mal die wichtigsten Regeln, wenn du jemandem achtsam zuhören willst:

- Lass ihn ausreden, und unterbrich ihn nicht.

- Achte darauf, das Gesagte nicht zu bewerten oder zu verurteilen.
- Enthalte dich aller Kommentare.

Versuche dann, noch einen Schritt weiterzugehen: Enthalte dich auch *innerlich* aller Kommentare. Bleib ruhig und gelassen. Fremde Probleme werden erst dann zu einer Belastung für dich, wenn du nur oberflächlich zuhörst und gestresst reagierst. Achtest du aber darauf, dich zu öffnen und gleichzeitig in deiner Mitte zu bleiben, gibt es kein Problem. Und dann wirst du auch nicht mehr zur Müllhalde für die Probleme anderer werden.

Grundsätzlich kannst du dir alles anhören, sofern du bereit dazu bist. Natürlich kannst du jederzeit »Stopp« sagen, und manchmal ist das auch die beste Wahl. Du kannst das Leiden der anderen Person aber auch anerkennen und tiefes Verständnis für sie entwickeln, ohne dass es dir deine Energien raubt. Das klappt allerdings nur, wenn du die Verbindung zu dir selbst nie verlierst.

Eine einfache Möglichkeit, den Kontakt nach innen aufrechtzuerhalten, während du jemandem zuhörst, besteht darin, deinen Atem zu beobachten. Schenke einen Teil deiner Aufmerksamkeit dem Menschen, mit dem du gerade sprichst, aber lenke einen anderen Teil deiner Aufmerksamkeit auf das Ein- und Ausströmen deines Atems. Das hilft dir, entspannt zu bleiben, und ermöglicht es dir außerdem, bewusst beim Zuhören zu bleiben, ohne gedanklich abzuschweifen.

Verstehen

Verständnis ist die natürliche Folge achtsamen Zuhörens. Wenn du jemandem beim Zuhören deine ungeteilte Aufmerksamkeit schenkst, wirst du auch verstehen, worum es ihm geht. Probleme entstehen nur, sofern wir das Problem des anderen eben nicht vollständig verstanden haben, weil wir »zu schnell sind«. Wenn wir seine Probleme gleich entsprechend unseren eigenen Erfahrungen, Vorstellungen und Emotionen interpretieren, machen wir quasi die Schublade zu schnell zu. Noch bevor wir wirklich verstanden haben, worum es geht, suchen wir schon nach Lösungen oder fangen an, uns über Dinge den Kopf zu zerbrechen, die nichts mit der Wirklichkeit zu tun haben. Wir malen den Teufel an die Wand, statt in Ruhe zu beobachten, ob es nicht auch ohne Wandgemälde geht. Kein Wunder, wenn der andere sich dann missverstanden fühlt.

Nur wenn du dir Zeit nimmst und dich darauf konzentrierst, nicht nur mit dem Kopf, sondern auch mit dem Herzen zuzuhören, wirst du tiefes Verständnis entwickeln. Tiefes Verständnis impliziert, dass du erkennst, was dem anderen wichtig ist, was ihn beschäftigt oder ihm Sorgen macht, worüber er sich ärgert oder warum er verzweifelt ist.

Zum tiefen Verständnis gehört aber auch, zu erkennen, dass Leiden unvermeidbar ist. Jeder von uns wird im Lauf seines Lebens mit Leiden konfrontiert – der eine öfter, der andere seltener, manch einer stärker, andere schwächer … Es gibt jedoch niemanden, der nicht irgendwann auf irgendeine Weise mit einer inneren oder äußeren Not zu kämpfen hat.

Manchmal ist es sehr wichtig, jemandem die Hand zu reichen und ihn zu unterstützen; aber mach dir immer wieder auch bewusst, dass du niemanden wirklich von seinem Leiden befreien kannst. Das ist definitiv nicht dein Job – und wäre es dein Job, könntest du ihn nicht ausführen.

Die individuellen Probleme anderer Menschen zu verstehen, ist natürlich wichtig, aber noch wichtiger ist es, das universelle Gesetz zu verstehen, dem zufolge das Leben unzulänglich und eben mitunter auch leidvoll ist. Das weißt du sicher selbst nur allzu gut.

Lindern lässt sich das Leiden allein durch radikale Akzeptanz. Aber dieses Heilmittel kannst du keinem anderen verabreichen, denn den Weg dorthin muss jeder ganz allein für sich finden.

Zentrieren

Wir haben schon mehrmals betont, wie wichtig es ist, dass du an dich selbst denkst, mit dir verbunden bleibst und gut für dich sorgst. Selbstmitgefühl ist nicht nur entscheidend, um dich gut abgrenzen zu können, es ist auch ein wichtiges Prinzip der achtsamen Kommunikation.

Je stürmischer die See, desto wichtiger ist ein sicherer Hafen. Wenn du mit Menschen sprichst, die in einer Notlage oder Krise sind, solltest du darauf achten, dich nicht in ihre Stürme locken zu lassen, sondern dich gut in deinem sicheren Hafen verankern.

Du zentrierst dich während schwieriger Begegnungen am besten, indem du dich immer wieder an deinen Körper erinnerst. Vor allem die beiden Übungen »Die wohlwollende Selbstberührung« und »Ruhe im Atem …« im vorangegangenen Abschnitt ermöglichen es dir, in deiner Mitte zu bleiben.

Darüber hinaus besteht eine effektive Möglichkeit, bei dir selbst zu bleiben, darin, dass du deine Reaktionen beobachtest und dich fragst, wie es dir gerade jeweils geht. Lausche nach innen. Und wenn du dabei erkennst, dass du dich überfordert, verunsichert oder gestresst fühlst, hast du zwei Möglichkeiten: Entweder du brichst die Begegnung ab, oder du bleibst gelassen und akzeptierst, dass belastende Gefühle wie Nervosität, Unsicherheit oder Ängste existieren. »Es ist okay … Es darf da sein«: Mit diesem »Mantra« kannst du absolut jedem Problem begegnen, ohne dich selbst zu verlieren. Wenn du das, was ist, annehmen kannst – auch wenn es um belastende Gefühle geht –, musst du nicht mehr weglaufen. Dann kannst du ganz bei dir bleiben.

Sprechen

Kommunikation besteht natürlich nicht nur aus Zuhören, sondern es geht dabei auch darum, dass du selbst etwas sagst und dich verständlich machst. Vielleicht erinnerst du dich, was wir bereits gesagt haben: Offenheit ermöglicht Verbundenheit. Wenn du dich mit deinen Liebsten austauschst, ist es wichtig, achtsam mit Worten umzugehen. Mit Freunden, deinem Partner oder engen Familienangehörigen sollte es möglich sein, offen zu sprechen. Und auch wenn es schwierig ist – mach es trotzdem.

Wie gesagt können wir nahestehende Menschen im Gegensatz zu Kollegen oder Fremden in der Regel sehr viel leichter mit der Wahrheit konfrontieren. Und dazu sollte auch gehören, dass wir ihnen etwas Unangenehmes sagen können, ohne uns dafür schämen oder verstecken zu müssen.

Drücke dem anderen deine Wertschätzung aus. Sag ihm, wie wichtig er dir ist und dass du dich gern mit ihm triffst. Vermeide es, ihn zu verletzen. Das heißt aber nicht, dass du ihm nach dem Mund reden sollst oder sagst, was er gern hören würde. Mach ihm verständlich, dass du deine Grenzen hast und nicht für alles zur Verfügung stehst.

Vergiss aber nicht: Worte sind magisch. Alles, was du sagst, hat eine Wirkung. Darum ist es wichtig, freundliche und sanftmütige Worte zu wählen. Wenn du aufrichtig bist und aus dem Herzen sprichst, kannst du die Verbundenheit zu deinem Gegenüber schon mit wenigen Sätzen vertiefen.

Wenn du Nein sagst, weil du mehr Raum für dich brauchst und nicht die Energie oder auch nicht die Lust hast, dich mit Problemen herumzuschlagen, an denen du ohnehin nichts ändern kannst, dann achte auf den richtigen Ton. Dabei kannst du folgende Punkte beachten:

- Du brauchst keine Entschuldigungen.
- Du brauchst dich nicht zu rechtfertigen.
- Du musst nicht zu Notlügen greifen.
- Du kannst dir Höflichkeitsfloskeln sparen.
- Drum herumzureden gilt ebenfalls nicht. Nein ist Nein, und das ändert sich auch nicht durch langes Herumlavieren.

Eine Gefahr für alle, die besonders empathisch sind und allzu leicht in die Nettigkeitsfalle tappen, besteht darin, falsche Versprechen zu machen: »Wir können uns ja demnächst mal auf ein Glas Wein treffen und in Ruhe reden.« Wenn du weißt, dass das nicht passieren wird oder du das nur dem anderen zuliebe sagst, dann sag es lieber gar nicht erst. Schneller, als du »Ach, jetzt lieber doch nicht« sagen kannst, hast du dich sonst nämlich in die Sackgasse geredet.

Du hast das gute Recht, deine Bedürfnisse zu äußern und zu sagen, wenn du etwas nicht willst. Du darfst und musst »Stopp« sagen, wenn du dich nicht selbst verraten willst. Damit aus deinem »Stopp« kein Konflikt wird, ist es allerdings wichtig, Ich-Botschaften zu senden. Das heißt, dass du nicht über den anderen sprichst, ihn beleidigst oder ihm die Schuld an irgendetwas zuschiebst, sondern ausschließlich von *deinen* Gedanken und Gefühlen redest und nur sagst, was *dir* wichtig ist, etwa:

- »Ich bin sehr gern mit dir zusammen, aber heute muss ich bei mir selbst bleiben.«
- »Dir kann ich ja sagen, dass mir das gerade zu viel wird, weil ich weiß, dass ich mich bei dir nicht verstellen muss.«
- »Ich bin überfordert. Ich weiß nicht, wie ich dir die Entscheidung oder dein Problem abnehmen soll; und ich fürchte, das ist mir auch gar nicht möglich. Darum will ich lieber nichts dazu sagen.«
- »Ich möchte ganz ehrlich sein: Im Moment habe ich wahnsinnig wenig Zeit und kann mich nicht damit auseinandersetzen.«

Wie du einmal mehr siehst, gibt es viele Möglichkeiten, dich auf mitfühlende Weise abzugrenzen. Wenn der andere dann trotzdem verletzt reagiert, ist das offen gestanden nicht dein Problem. Es ist ja klar: Du kannst nie ganz vermeiden, dass andere sich verletzt fühlen. Manche Menschen sind ja schon gekränkt, wenn sie glauben, dass du sie nicht freundlich genug anschaust, und erst recht, wenn du ihnen sagst, du selbst bräuchtest etwas mehr Raum für dich. Verhalte dich freundlich, wähle sanfte Worte, aber lass es nicht zu deinem Problem werden, wenn andere überempfindlich reagieren.

Alle Probleme loslassen?

In den bisherigen Kapiteln hast du viele Möglichkeiten kennengelernt, dich abzugrenzen, die Probleme, die andere Menschen haben, loszulassen und sie nicht zu deinen zu machen. Doch auch wenn du jetzt verschiedene Optionen und Methoden kennst und wenn dir klar ist, dass du in Zukunft mehr Verantwortung abgeben und dich besser um dich selbst kümmern musst – das Entscheidende ist, dass du das auch wirklich tust. Abgrenzung muss geübt werden. Das Gleiche gilt für Achtsamkeit und Selbstmitgefühl. Und wo könntest du besser üben und mehr lernen als in deinem täglichen Leben?

Nutze deinen Alltag als Gelegenheit zur Übung. Lass das Leben, lass deine Beziehungen und Begegnungen zu deinen Lehrern werden. Experimentiere mit den Techniken, die du in diesem Buch kennengelernt hast. Übe es, Nein zu sagen und dafür die jeweils richtigen Worte zu finden. Übe aber vor allem, bei dir selbst zu bleiben, während du anderen mit Achtsamkeit und Freundlichkeit begegnest.

Auf dem Weg zur Freiheit

Hast du dir mal überlegt, warum du dir dieses Buch besorgt hast? Vielleicht, weil du zu selten auf dich und zu viel auf andere achtest? Weil die Probleme deiner Liebsten dir so nahegehen, dass du nachts grübelnd im Bett liegst, statt zu schlafen? Oder weil du dir deine Kräfte von Menschen rauben lässt, die bei Weitem nicht so sensibel sind wie du?

Sicher – das sind gute Gründe. Letztlich geht es dir aber wahrscheinlich vor allem um eins: Du sehnst dich danach, unbelastet, glücklich und frei von Stress – und das heißt frei von Problemen – zu sein. Denn es sind in erster Linie *deine eigenen* Probleme, die Stress erzeugen. Nicht die, die andere an dich herantragen. Beispielsweise das Problem, dass du die Nöte anderer zu deinen machst, womit sie dann tatsächlich auch deine sind.

Wie wäre es wohl, wenn du deinen Geist vollkommen befreien könntest, indem du nicht nur die Probleme anderer Menschen, sondern *alle* Probleme loslässt? Zugegeben – ein Leben völlig frei von Schwierigkeiten und somit auch völlig frei von Stress ist ein ziemlich hochgestecktes Ziel. Obwohl es immer wieder Menschen gab und gibt, die zeigen, dass es geht, erscheint es doch nahezu unerreichbar. Aber auch wenn es im Augenblick unmöglich scheint, den Gipfel zu erreichen, heißt das ja nicht, dass du am Fuß des Berges stehen bleiben musst. Wenn du erst einmal losgehst, kannst du ein ganz ordentliches Stück schaffen. Und die Aussicht ist auch auf der Mittelstation schon sehr viel sonniger und schöner als im nebligen Tal. Du musst dich nur auf den Weg machen.

Wo ist das Problem?

In unserem Alltag sprechen wir sehr viel über Probleme. Wir werden nicht müde, anderen ausführlich zu erklären, was bei uns im Argen liegt und worüber wir uns Sorgen machen. Oder wir müssen uns umgekehrt anhören, womit andere sich herumschlagen. Aber wo entsteht ein Problem eigentlich genau? Wann fängt es an, ein Problem zu sein?

Um das zu erkennen, ist es hilfreich, zwischen »Tatsache« und »Reaktion« zu unterscheiden:

- Die *Tatsache* ist das, was ist: ein Ereignis, eine Erfahrung, eine Situation oder ein Umstand.
- Die *Reaktion* ist das, was wir daraus machen. Und da unsere Reaktionen auf Reize blitzschnell ablaufen, vermischt sich das Ganze sehr schnell, was unsere klare Sicht auf Probleme behindert.

Probleme haben eine »Anatomie«: Es gibt den unerwünschten Anfangszustand (A) und den erwünschten Zielzustand (Z). Und zwischen A und Z findet deine Reaktion statt. Die sollte idealerweise entweder darin bestehen, das Problem schnell zu lösen oder es loszulassen, indem du den unerwünschten Anfangszustand akzeptierst. Das eigentliche Problem entsteht immer erst an dem Punkt, an dem du einen Widerstand gegen die Tatsache aufbaust – wenn du also ankämpfst gegen *das, was ist.*

Angenommen, dein Auto springt morgens nicht an, dann glaubst du wahrscheinlich, dein Problem bestehe darin, dass es nicht anspringt. Und da würde dir sicher auch niemand widersprechen. Die Tatsache ist aber einfacher: Wenn dein Auto morgens nicht anspringt, springt dein Auto nicht an. Fertig. Ein Problem wird erst dann daraus, wenn du *willst*, dass es anspringt. Ähnlich ist es beispielsweise in folgenden Fällen:

- Wenn dir gekündigt wurde, wurde dir gekündigt. Das ist die Tatsache: das, was ist. Das Problem entsteht erst, wenn du dich dagegen wehrst, weil du findest, dass du unfair behandelt wurdest, und wenn du dir Sorgen um die Zukunft machst.
- Wenn dein Partner dich verlassen hat, hat dein Partner dich verlassen. Das ist die Tatsache. Ein Problem wird daraus, wenn du willst, dass er zurückkommt, eifersüchtig auf die Neue oder den Neuen bist oder Angst davor hast, allein zu sein.

Nicht die Tatsache oder der unerwünschte Anfangszustand ist also das Problem, sondern deine *Reaktion* darauf. Es ist menschlich und oft auch sinnvoll, dass wir Probleme lösen wollen – aber beim Umgang mit ihnen sollten wir differenzieren:

Wenn dein Auto nicht anspringt, rufst du den Pannendienst. Oder wenn du schnell zur Arbeit musst, nimmst du den Bus, bestellst ein Taxi oder sagst Bescheid, dass es später wird. Wo eine schnelle Lösung möglich ist, ist die Sache einfach.

Oft gibt es nur einen Weg, um auf eine weise, achtsame Art mit Problemen umzugehen. Statt gegen das Außen anzukämpfen, musst du innen loslassen.

Aber was, wenn dein Partner dich verlässt? Oder wenn du deinen Job verloren hast? Dann kannst du dieses Problem nicht mal schnell lösen. Und wenn du dann verbissen im Außen nach einer Lösung suchst, erzeugt das eine Menge Stress.

Du kannst Probleme nur loslassen, wenn du das, was ist, radikal akzeptierst. Und dabei hast du zwei Möglichkeiten:

Entweder du akzeptierst die *äußeren Umstände* – oder du akzeptierst deine *innere Reaktion* darauf:

- *Erste Möglichkeit:* Nimm die Tatsache an. Es ist, wie es ist:
  - »Regen ist Regen – Regen ist okay: kein Problem.«
  - »Ich habe einen Fehler gemacht – Fehler sind okay: kein Problem.«
  - »Mein Chef hat mich angebrüllt. So sind Chefs manchmal eben – sie werden laut. Ein lauter Chef ist okay: kein Problem.«
  - »Meine Tochter ist ausgezogen, um zu studieren – Loslösung ist okay: kein Problem.«
- *Zweite Möglichkeit:* Wenn du die äußeren Umstände aber nicht akzeptieren kannst, dann richte deine Achtsamkeit nach innen, und akzeptiere deine inneren Reaktionen und Emotionen:
  - Du ärgerst dich über den Regen? Wende dich deinem Ärger zu – er ist ein Teil von dir. Ärger darf da sein. Akzeptiere ihn als ein Gefühl, das auch wieder vorübergehen wird. Ärger ist kein Problem.
  - Du schämst dich, weil du einen Fehler gemacht hast? Scham ist menschlich. Jeder kennt dieses Gefühl – mach kein Problem daraus. Lass es zu.
  - Du bist wütend auf deinen unverschämten Chef? Beobachte achtsam, wie Wut sich anfühlt. Wut darf da sein – sie ist ein Teil von dir. Kein Problem.
  - Du bist traurig, weil deine Kinder jetzt alle aus dem Haus sind? Dann wende dich deiner Traurigkeit zu. Gib ihr Raum. Trauer ist ein Gefühl, und ein Gefühl ist kein Problem.

Das Problem ist die Geschichte, die dir dein Kopf erzählt

Der Punkt, an dem Probleme anfangen, wirklich stressig zu werden, ist der Moment, in dem du zu grübeln beginnst. Ganz gleich, mit welchen Schwierigkeiten du es zu tun hast: Du kannst immer entscheiden, ob du ein Problem lösen oder es loslassen willst. Doch in dem Augenblick, da du es weder löst noch akzeptierst, hast du *wirklich* ein Problem, denn dann landest du im Grübelkarussell. Und nichts erzeugt mehr Stress als negative Gedanken und Gefühle, die sich immerzu im Kreis drehen.

Jedes Mal, wenn du grübelst, verschwendest du deine Zeit damit, Probleme zu wälzen, ohne sie wirklich zu lösen. Grübeln bleibt an der Oberfläche. Es eignet sich als Problemlösungsstrategie genauso wenig wie Alkohol, Schokolade oder Serien-Marathons.

Der Grundkonflikt, mit dem wir es bei jedem Problem zu tun haben, ist der Konflikt zwischen dem, was ist, und dem, was unserer Meinung nach sein sollte:

- »Das, was ist«, das ist die Tatsache oder der unerwünschte Anfangszustand – zum Beispiel: *Es regnet.*
- »Das, was sein sollte«, ist der erwünschte Zielzustand, unser Wunsch und in unserem Beispiel: *Es soll nicht regnen.*

Wenn wir das Problem weder lösen noch loslassen können, fangen wir an, uns in die Sache hineinzusteigern: »Mist! Warum regnet es denn jetzt schon wieder? Gerade heute, wenn ich mal freihabe. Dabei bräuchte ich dringend Erholung. Der Job macht mich noch fertig. Und jetzt gibt es hier bald auch noch eine Überschwemmung. Das Klima spielt total verrückt. Mit den Klimazielen wird das hierzulande sowieso nichts mehr. Kein Wunder – die Ölindustrie macht, was sie will. Da bist du als Einzelner machtlos …« und so weiter.

Statt dich zu entspannen und einen Tee zu trinken oder den Regenschirm aufzuspannen und spazieren zu gehen, steckst du mitten in einer Geschichte fest. Tatsache ist aber einfach nur, dass es regnet.

Die Geschichte, die dir dein Kopf erzählt, ist nicht die Wirklichkeit. In der Wirklichkeit ist alles ganz einfach – alles ist schlicht nur so, wie es ist. Du wirst keine Probleme mehr haben, wenn du die Situation bedingungslos akzeptierst. Oder wenn du dein Gefühl akzeptierst, mit dem du darauf reagierst, dass dir die Tatsache missfällt. Dann akzeptierst du eben, dass du dich ärgerst, verzweifelt, empört oder traurig bist.

Aber lass die Pferde deiner Fantasie nicht mit dir durchgehen. Je verrückter die Geschichten werden, die in deinem Kopf ablaufen, desto übermächtiger werden deine Probleme. Und desto weiter entfernst du dich davon, achtsam und entspannt im Hier und Jetzt zu sein.

Probleme belasten deine Seele. Sie kosten dich eine Menge Energie; und falls du Pech hast, schaden sie sogar deiner Gesundheit. Wenn Probleme dich belasten, hast du dir gegenüber die Verantwortung, dich abzugrenzen. Jedes Problem, das du dir aufbürdest, steht deinem Glück, deiner Lebensfreude und Unbeschwertheit im Weg.

Es ist eine Frage des Selbstmitgefühls: Bist du bereit, gut für dich selbst zu sorgen, um dich zu schützen? Dann sag rechtzeitig »Stopp – dieses Problem lass ich bei dir«. Verleibe dir keine Probleme ein. Nimm sie nicht mit ins Bett. Auch nicht aufs Sofa, in den Bus oder in den Urlaub. Mit anderen Worten: Grenze dich nicht nur nach außen, sondern auch nach innen ab. Grenze dich von deinen eigenen negativen Gedanken ab. Schütze dich davor, dass die Affen im Kopf Besitz von dir ergreifen und dir die Stimmung vermiesen.

Wie gesagt: Probleme musst du denken, sonst hast du sie nicht! Das eigentliche Problem steckt nicht in den Tatsachen, sondern in deiner Reaktion. Es ist dein eigenes Denken, das die Probleme erschafft. Doch Achtsamkeit ermöglicht es dir, dich von problembehafteten Gedanken zu befreien und sie loszulassen.

Achtsam zu sein heißt, dass du deinen Fokus gezielt auf den jetzigen Moment richtest. Und in dem du das tust, unterbrichst du den *Default Mode*, das Grübelkarussell (siehe den Abschnitt »Die Sorgenfalle«). Du stoppst die überflüssigen und negativen Gedanken und damit auch die belastenden Gefühle.

PRAXIS

VIER MAL DREI – ZURÜCK INS JETZT

Diese Achtsamkeitsübung ist Gold wert, wenn dein Kopf gar keine Ruhe mehr geben will. Sie ermöglicht es dir, den Kontakt zum Jetzt und damit zu dir selbst wiederherzustellen.

Und du kannst sie praktisch jederzeit und überall durchführen:

- Atme dreimal tief ein und aus. Lass den Atem dabei sanft und langsam strömen, und richte deine ganze Aufmerksamkeit auf deinen Atemstrom.
- Sieh dich um, und zähle innerlich drei Dinge auf, die du in diesem Augenblick sehen kannst. Nenne einfach drei Objekte oder drei Farben.
- Lenke deine Achtsamkeit jetzt auf deinen Körper: Zähle innerlich drei Dinge auf, die du spüren kannst. Entweder in deinem Körper oder durch die Berührung bestimmter Körperstellen mit der Umgebung.
- Lenke deine Achtsamkeit abschließend auf die Geräusche: Zähle innerlich drei Dinge auf, die du in diesem Moment hören kannst. Entweder Geräusche im Raum oder Klänge, die von weiter weg an dein Ohr dringen.

Ein Durchgang genügt in den meisten Fällen, um die Aufmerksamkeit vom Denken und Grübeln auf das Sein in der Gegenwart zu verlagern. Manchmal ist es jedoch hilfreich, den Durchgang gleich noch einmal zu wiederholen.

Je öfter du diese einfache Übung einsetzt, desto besser. Mit der Zeit wird es dir gelingen, immer früher zu erkennen, wenn dein Kopf dich entführt, weil deine Gedanken zu wandern beginnen. Dann wird es auch immer leichter, »Stopp« zu sagen und dich mitfühlend und freundlich von den Geschichten in deinem Kopf abzugrenzen.

Zum Schluss

Es lebten einst in einem abgelegenen Tal ein Ziegenbock, seine Frau und deren Mutter. Und vor Kurzem hatte die Ziege ein Zicklein bekommen. Die Ziegenfamilie lebte frei und unbeschwert, bis eines Tages ein Bauer kam, sie einfing und in ein Gehege sperrte.

Der Ziegenbock war darüber sehr verärgert, doch er ärgerte sich nicht lange und sprach: »Diese Menschen wissen ja gar nicht, zu was wir imstande sind!« Er nahm Anlauf und sprang in einem Satz über den hohen Zaun.

Seine Frau und die Großmutter hatten es nicht so leicht. Doch die Ziege ließ die Großmutter auf ihren Rücken steigen, und von dort aus gelang es auch der Alten, über den Zaun zu springen. Nun wäre die Ziegenmutter an der Reihe gewesen, die aber wollte ihr Zicklein nicht allein lassen.

Das Zicklein konnte nicht über den hohen Zaun springen, es war noch zu klein. Nicht einmal vom Rücken seiner Mutter aus gelang es ihm. Da weinte die Mutter und sprach: »So bleib ich denn bei dir und mit dir in Gefangenschaft.«

Die kleine Ziege wusste nicht, was sie denken sollte. Sicher, es war schön, die Mutter bei sich zu haben. Doch nun waren sie ja beide gefangen. Es senkte den Kopf und fühlte sich schwach und hilflos.

»Nein!«, rief der Ziegenbock seiner Frau zu. »So schlimm es ist, aber wir müssen unser Kind zurücklassen. Erst einmal müssen wir an uns selbst denken! Komm – spring herüber zu uns.« Doch seine Frau rührte sich nicht.
Da trat die Großmutter an den Zaun und sprach mit sanfter Stimme zu dem Zicklein: »Kleines, wir dürfen nicht wieder eingefangen werden, da hat dein Vater wohl recht. Doch ich bin hier bei dir. Versuche, dich selbst zu befreien.«
Das kleine Zicklein sah der Großmutter tief in die Augen und spürte, dass sie ihm viel zutraute. Sogleich fühlte es sich stärker und mutiger.
Es nahm Anlauf und sprang. Doch es kam nicht einmal bis zur halben Höhe des Zaunes. Es wollte schon verzweifeln, als es den mitfühlenden, vertrauensvollen Blick der Großmutter sah. Da fasste es wieder Mut. Wenn es nicht springen konnte, so konnte es doch vielleicht klettern? Es trat an den Zaun hin und versuchte, an ihm hochzusteigen. Doch das Zicklein war noch zu klein und rutschte immer wieder ab. Erneut war es nahe daran zu verzweifeln, aber ein Blick in die Augen der Großmutter gab ihm nochmals Mut. Es überlegte.
»Spring einfach! Nimm all deine Kraft zusammen!«, rief der Vater.
»Lass uns unser Schicksal annehmen und hierbleiben«, weinte die Mutter.
Die Großmutter aber saß nur da und sah dem Zicklein liebevoll zu.
Und plötzlich kam diesem eine Idee. An einer Stelle reichte das Gitter nicht ganz bis zum Boden. Der Spalt

war zwar klein, doch das Zicklein begann zu graben.
Und so dauerte es gar nicht lang, bis es durchschlüpfen konnte.
Erleichtert sprang nun auch die Mutter über den Zaun, und alle hatten ihre Freiheit wieder.
»Jeder muss auf sich selbst achten«, brummte der Ziegenbock, »denn jeder ist seines Glückes Schmied.«
Die Ziegenmutter schüttelte den Kopf. »Nie hätte ich mein Kind zurücklassen können! Lieber hätte ich die Gefangenschaft geteilt, und wäre ich dabei noch so unglücklich geworden.«
Die Ziegenoma aber lächelte still und sah das Zicklein liebevoll an, das voller Lebenskraft und Selbstvertrauen munter voransprang.

Wir hoffen, dass wir dich mit unseren Gedanken ein wenig dazu inspirieren konnten, dir einige eigene Gedanken zu machen – Gedanken, die es dir erleichtern werden, zu dir selbst zu stehen, Verantwortung abzugeben, dich besser zu schützen und dennoch achtsam und mit offenem Herzen auf andere zuzugehen.

Unser Leben wird nie frei von Problemen sein, und vielleicht wäre es ohne sie auch ganz schön langweilig. Doch lass nicht zu, dass du deine kostbare Lebenszeit damit verbringst, dich in Probleme zu verrennen, die nicht mal deine eigenen sind. Lass dir den Schlaf nicht rauben und auch nicht dein Glück.

Entwickle Achtsamkeit, Gelassenheit und Mitgefühl, und genieße die Leichtigkeit, die sich dann in deinem Leben entfalten wird.

Falls du Fragen oder Anregungen hast, freuen wir uns jederzeit über deinen Besuch auf
www.longschweppe.de oder *instagram.com/longschweppe*

Anhang

Das Wichtigste in dreißig Sätzen

1. »Not my circus – not my monkeys«: Unterscheide zwischen »meinem« und »deinem Problem«.
2. Du bist nicht für das Glück anderer Menschen verantwortlich.
3. Der Einzige, der deine Probleme lösen kann, bist du selbst. Und ebenso ist der Einzige, der die Probleme des anderen lösen kann, jener andere.
4. Mach fremde Probleme niemals zu deinen.
5. Viele Probleme sind nicht da, um sie zu lösen, sondern um sie loszulassen.
6. Sag niemals Ja, wenn du Nein fühlst.
7. Du darfst dich abgrenzen – immer und jedem gegenüber.
8. Stell ein Stoppschild auf, wenn andere deinen persönlichen Raum nicht akzeptieren wollen.
9. Schütze dich nach außen: Grenze dich nach außen ab, wenn andere dir mit ihrem Gejammer auf die Nerven gehen.
10. Schütze dich nach innen: Geh auf Abstand zu deinen eigenen Gedanken und Sorgen.
11. Verliere dich nicht in den Konflikten anderer.

12. Gelassen zu sein, heißt nicht, gleichgültig zu sein.
13. Grenze dich ab, aber errichte keine Mauern.
14. Liebe dich selbst, und sorge gut für dich, indem du Grenzen setzt. Nur wenn du dich selbst liebst, kannst du auch anderen helfen.
15. Gib dir die Erlaubnis, auf dein Herz zu hören und dich gut um dich zu kümmern. Du darfst es dir gut gehen lassen, du darfst dich vor negativen Einflüssen schützen.
16. Bleib mitfühlend. Das heißt nicht, immer nett und brav zu sein und alles passiv zu ertragen, sondern freundlich und zugewandt zu bleiben und achtsam mit sich und anderen umzugehen.
17. Hüte dich vor Energieräubern. Mach einen Bogen um Menschen, die ihren Problemmüll bei dir abladen wollen.
18. Richte deinen Fokus auf das Positive. Füttere den weißen Wolf in deinem Herzen.
19. Zentriere dich. Bleibe in deiner Mitte. Werde dir der Tatsache bewusst, dass du einen Körper hast, und verbinde dich mit ihm.
20. Verstärke niemals negative Energien. Spende Jammersusen und Meckerfritzen keinen Applaus.
21. Wenn es zur Sucht wird, ist es keine Liebe.
22. Such dir, wenn nötig, professionelle Hilfe, wenn du an einem Helfersyndrom leidest oder in einer Co-Abhängigkeit steckst.
23. Ersetze Mitleid durch Mitgefühl. Mitleid schafft doppeltes Leid, während Mitgefühl wahre Verbundenheit ermöglicht.

24. Sieh Probleme als Herausforderungen an.
25. Ohne Herausforderung keine Entwicklung.
26. Du kannst das Schicksal nicht kontrollieren. Jeder muss seinen eigenen Weg gehen.
27. Kämpfe nicht gegen das an, was ist. Akzeptanz hilft dir, auf sanfte, achtsame Weise mit Problemen umzugehen, und ermöglicht es dir, loszulassen und Gelassenheit zu entwickeln.
28. Das Geheimnis mitfühlender Abgrenzung lautet nicht »entweder – oder«, sondern »sowohl – als auch«. Achte sowohl auf den anderen als auch auf deine eigenen Bedürfnisse.
29. Vergiss dich selbst nicht, wenn du anderen begegnest.
30. Befreie dich aus den Geschichten, die dir dein Kopf erzählt. Bring das Grübelkarussell zum Stillstand. Kultiviere Ruhe und Gelassenheit.

Verzeichnis der Übungen

Weitere Veröffentlichungen der Autoren

Der Panda und das Geheimnis der Gelassenheit. Heyne, München 2022

Die 7 Geheimnisse der Schildkröte. Den Alltag entschleunigen, das Leben entdecken. Heyne, München 2010

Füttere den weißen Wolf. Weisheitsgeschichten, die glücklich machen. Kösel, München 2016

Das Geheimnis der Buddha-Katze. Lotos, München 2022

Die Kunst, einen Elefanten zu reiten. Kaffeehaus-Gespräche über das Glück und das Leben. Diederichs, München 2021

55 Achtsamkeitsimpulse für dich. Kartenset. mvg, München 2020

Kleine Meditationen für den Alltag. 55 Übungskarten für mehr Achtsamkeit und Lebensfreude. mvg, München 2020

Affen im Kopf. Mentale Gelassenheitsstrategien für einen ruhigen Geist. mvg, München 2020

Mit dem Herzen siehst du mehr. Lotos, München 2020

Praxisbuch NLP. Südwest, München 2014

Literaturtipps

Kabat-Zinn, Jon: *Im Alltag Ruhe finden.* Knaur, München 2019

Neff, Kristin: *Selbstmitgefühl. Wie wir uns mit unseren Schwächen versöhnen.* Kailash, München 2012

Rosenberg, Marshall: *Gewaltfreie Kommunikation.* Junfermann, Paderborn 2016

Thich Nhat Hanh: *Achtsam sprechen – achtsam zuhören.* Knaur, München 2019

Register